HANS-PETER WEIKARD

Der Beitrag der Ökonomik zur Begründung von Normen des Tier- und Artenschutzes

Volkswirtschaftliche Schriften

Begründet von Prof. Dr. Dr. h. c. J. Broermann †

Heft 419

Der Beitrag der Ökonomik zur Begründung von Normen des Tier- und Artenschutzes

Eine Untersuchung zu praktischen und methodologischen Problemen der Wirtschaftsethik

Von

Hans-Peter Weikard

Duncker & Humblot · Berlin

Die Deutsche Bibliothek – CIP-Einheitsaufnahme

Weikard, Hans-Peter:
Der Beitrag der Ökonomik zur Begründung von Normen des Tier- und Artenschutzes : eine Untersuchung zu praktischen und methodologischen Problemen der Wirtschaftsethik / von Hans-Peter Weikard. – Berlin : Duncker und Humblot, 1992
(Volkswirtschaftliche Schriften ; H. 419)
Zugl.: Witten, Herdecke, Univ., Diss., 1991
ISBN 3-428-07340-1
NE: GT

Fotoprint: Werner Hildebrand, Berlin 65
Printed in Germany

ISSN 0505-9372
ISBN 3-428-07340-1

Vorwort

Wilhelm Brandes und Karl Homann haben meine Arbeit in jeder erdenklichen Weise unterstützt. Ihnen möchte ich an dieser Stelle meinen ganz besonderen Dank aussprechen.

Während der Zeit, in der ich diese Arbeit anfertigte, habe ich viele Anregungen aus den Vorlesungen und Seminaren von Ansgar Beckermann, Wolfgang Carl, Günther Engel, Erich Fries, Wulf Gaertner, Michael Heidelberger, Lorenz Krüger, Michael Leserer, Günther Patzig, Wolf Rosenbaum, Bettina Schöne-Seifert und Holm Tetens erhalten. Diskussionen und Gespräche mit Mitarbeitern des Instituts für Agrarökonomie der Universität Göttingen haben mir oft geholfen. Etliche Hinweise auf Irrtümer und Unklarheiten verdanke ich Michael Hutter.

Viele andere haben zum Entstehen und Gelingen dieser Arbeit direkt oder indirekt beigetragen. Sie bleiben ungenannt, auch wenn ihr Beitrag der größte gewesen ist.

Die Arbeit ist am Institut für Agrarökonomie der Universität Göttingen entstanden und von der Wirtschaftswissenschaftlichen Fakultät der Universität Witten/Herdecke als Dissertation angenommen worden. Der Deutschen Forschungsgemeinschaft danke ich für die finanzielle Unterstützung dieser Untersuchung.

Göttingen im Juni 1991 Hans-Peter Weikard

Inhaltsverzeichnis

I. Einführung

Daher richtet sich ein großer Teil aller Angriffe gegen Positionen, die nur in der Einbildung des Kriegers feindliche Festungen sind, sich bei genauerem Hinsehen aber als harmlose Windmühlen erweisen.

Joseph Schumpeter

1. Problemstellung und einleitende Bemerkungen

1.0 Problemstellung

In der politischen Debatte der achtziger Jahre standen, das kann man nun bereits im Rückblick sagen, vor allem zwei Themen im Mittelpunkt: Die Bedrohung durch Hochrüstung und die Gefahren ökologischer Katastrophen. Nachdem einige Jahre lang die Debatten hohe Wellen schlugen, sind sie nunmehr abgeflaut. Die Probleme dieser Bereiche sind politisches Alltagsgeschäft geworden, und die Wissenschaft hat sich allmählich vieler der im Zusammenhang damit aufgeworfenen Fragen angenommen. In der vorliegenden Arbeit wird nun ein Punkt aus der "Ökologie-Debatte" aufgegriffen: die Normen des Tier- und Artenschutzes. An ihrem Beispiel will ich versuchen aufzuzeigen, ob die Wissenschaft einen systematischen Beitrag zur Lösung von Fragen zu leisten vermag, in die politisch-weltanschauliche Werturteile einfließen. Dabei nehme ich nicht alle Wissenschaften in den Blick. Daß die Naturwissenschaften, allen voran die Biologie, im Rahmen ihrer Forschungen, etwa über Ökosysteme oder Tierverhalten, hier einen Beitrag leisten, steht außer Frage und ist nicht weiter begründungsbedürftig. Mein Interesse gilt vor allem den Wirtschaftswissenschaften einerseits und der philosophischen Ethik andererseits, und meine These lautet: Eine Zusammenarbeit beider Disziplinen kann einen Beitrag zur Normenbegründung liefern und damit zur Klärung von und zur Vermittlung zwischen Positionen, die in der Tier- und Artenschutzdiskussion bezogen werden, beitragen. Da unsere ökologischen Probleme als das Resultat unserer Wirtschaftsverfassung angesehen werden, ist es plausibel, den Beitrag der Wirtschaftswissenschaften zu einer Lösung der Probleme zu prüfen. Die grundlegende Rolle von Werturteilen in den Argumenten, die in der Ökologie-Debatte vorgebracht werden, weist der philosophischen Ethik ihren Platz bei der Problemlösung zu; denn ethische Reflexion versucht Werturteile in Handlungsanweisungen zu übersetzen.

Die öffentliche Diskussion um die *richtige* Umweltpolitik und Gesetzgebung ist wesentlich durch die Ansicht geprägt, Ökologie und Ökonomie seien Gegensätze. Diese Auffassung, im folgenden "Gegensatzthese" genannt, findet sich zunächst bei denen, die sich für die Belange des Natur- und Umweltschutzes besonders einsetzen und die das öffentliche Interesse zuerst auf diese Fragen gelenkt haben. In der Diagnose der Umweltschützer ist die Ursache für die Zerstörung der Umwelt der ungezügelte Erwerbstrieb mit den damit verbundenen Konsumneigungen der Menschen in den Industrienationen.[1] Erwerbstrieb und Konsumneigung werden durch die liberalen Wirtschaftsverfassungen begünstigt, ja erzwungen. Unternehmen, die sich nicht anpassen, nicht mitziehen, verschwinden vom Markt, und Konsumgegner sind gesellschaftliche Außenseiter.[2] Aber auch die konservativen Gegner der Ökologie-Bewegung, so zeigt ein Blick auf dieses Lager, sehen einen "Gegensatz zwischen Ökologie und Ökonomie". Anders ist es nicht zu verstehen, daß es als Bedrohung der Wirtschaft aufgefaßt wird, wenn ökologische Forderungen vorgetragen werden.[3] Es scheint also ein Zielkonflikt vorzuliegen,[4] den es aufzulösen gilt.

An dieser Stelle möchte ich in einer vorläufigen Formulierung die These nennen, die eine der leitenden Ideen dieser Arbeit ist und die ich später verallgemeinern und ausführlicher begründen will: Der Gegensatz zwischen Ökologie und Ökonomie besteht nur scheinbar; er löst sich auf, sobald man ein adäquates Verständnis davon entwickelt hat, was Ökologie und Ökonomie sind.

---

1 Die Studie von Meadows et al. (1972) dürfte hier großen Einfluß gehabt haben. Vgl. aber auch Jonas (1979) oder Meyer-Abich (1986).

2 Daß diese Analyse zumindest unzureichend ist, zeigt der Blick auf die Umweltprobleme, die in zentral verwalteten Wirtschaften entstanden sind. Vgl. dazu Hansmeyer/Rürup (1973).

3 Allerdings setzt sich, je nach Branche, hier langsam ein anderes Bild durch, denn viele Investitionen im Umweltbereich sind einzelwirtschaftlich rentabel, auch wenn externe Effekte nicht sämtlich internalisiert sind. Dies dürfte auch einer gestiegenen Nachfrage nach dem Gut "Umwelt" zuzurechnen sein.

4 Vgl. als ein Beispiel für diese Position Weinschenck (1986).

Die Ökologie-Debatte hat sowohl in die philosophische Ethik als auch in die Ökonomik Eingang gefunden.[5] Wo neue (oder erst jetzt bewußt gewordene) Probleme hervortreten, die nicht individuell gelöst werden können, ergibt sich neuer gesellschaftlicher Regelungsbedarf, der alte Fragen über die Legitimität von Normen, die Natur von Rechten und Pflichten, die Rolle des Staates usf. wieder aufleben läßt. Deshalb ist es notwendig, Grundsätzliches zur Normenbegründung voranzustellen und methodologische Probleme aufzugreifen, wenn man dazu kommen will, rational zu rechtfertigende Normen vorzuschlagen. Der größte Teil der Arbeit beschäftigt sich daher mit theoretischen Problemen. In neuerer Zeit werden die Forschungen zu den genannten und vergleichbaren Problemen unter dem Begriff "Wirtschaftsethik" zusammengefasst. Gleichzeitig wird versucht, die Wirtschaftsethik zu einer einheitlichen Disziplin fortzuentwickeln. Die dabei auftretenden Probleme sind eng mit der Gegensatzthese verknüpft, und die Auflösung des Gegensatzes ist ein Beitrag zur Systematisierung der Wirtschaftsethik.

An dem Versuch, eine Begründung von Tier- und Artenschutznormen zu unternehmen, soll exemplarisch aufgezeigt werden, wo Schwierigkeiten bei der Übertragung abstrakter Prinzipien auf konkrete Normen liegen. Daß gerade Tier- und Artenschutznormen gewählt wurden, hat vor allem zwei Gründe. Zum einen können an ihrem Beispiel Grundprobleme der Normenbegründung besonders gut aufgezeigt werden, denn die Stärken oder Schwächen einer Begründungskonzeption werden dort am besten deutlich, wo erprobte Begründungsmuster auf neue Anwendungsfälle übertragen werden. Ethische Normen sind traditionell Regeln des zwischenmenschlichen Verhaltens. Ihre universelle Geltung verlangt aber, daß sie auch als Regel für unser Verhalten etwa gegenüber Tieren angewendet werden können. Der zweite, eher pragmatische Grund ist, daß die Diskussion um Tier- und Artenschutz innerhalb der Ökologie-Debatte eigenständig geführt wird, so daß die Vielfalt der zu diskutierenden Probleme etwas eingegrenzt werden kann.

---

[5] Dies wird dokumentiert durch eine Reihe von Neugründungen wissenschaftlicher Zeitschriften z.B.: "Environmental Ethics" (seit 1979), "Ethics and Animals" (seit 1980), "Between the Species" (seit 1985) und "Journal of Agricultural Ethics" (seit 1988). In der Ökonomik ist die jüngste Neuerscheinung "Ecological Economics" (seit 1989). Aber auch die etablierten Zeitschriften haben sich des Themas angenommen.

1.1 Vorgehen

Um detaillierter zu untersuchen, worin der genannte Gegensatz zwischen Ökologie und Ökonomie besteht oder bestehen könnte, ist es, in einem ersten Schritt, notwendig, terminologische und begriffliche Vorbemerkungen zu machen. Zunächst (1.2) werde ich versuchen, die disziplinäre Arbeitsteilung der im fraglichen Gebiet arbeitenden Wissenschaften zu beschreiben, indem ich ihren Gegenstand zu bestimmen suche. Danach kann und muß die Gegensatzthese neu formuliert werden. Dabei werden zwei konkurrierende Ansätze, eine systematische Wirtschaftsethik zu entwickeln, diskutiert. Darüberhinaus ist zu erläutern, wie die Begriffe, die eine wichtige Rolle in der Normenbegründungsdiskussion spielen, hier verwendet werden. Die grundsätzlichen Einschränkungen, denen dieser Versuch, Tier- und Artenschutznormen zu begründen, unterliegt, werden in 1.3 genannt. Ein Exkurs zu Begriff und Funktion von Interdisziplinarität (1.4) schließt den ersten Teil ab.

Bevor Normenbegründungen im einzelnen diskutiert werden können, sind in Teil II. die methodologischen Voraussetzungen zu klären, die ein solcher Versuch machen muß. Die erste Frage ist dabei, welche Rolle die Wissenschaft in bezug auf Fragen des (richtigen) Handelns nach Max Weber überhaupt noch spielen kann, wenn Werturteile nicht zu eliminierende Bestandteile der Begründung von Handlungen sind. Wie ist das "Werturteilsfreiheits-postulat" zu verstehen? Wie verhalten sich normative und empirische Wissenschaft zueinander? Neben dem Versuch, eine Antwort auf diese Fragen zu geben, wird aufzuzeigen sein, daß der methodologische Individualismus eine Voraussetzung für jede rational zu rechtfertigende, ethische Theorie, d.h. für jede rationale Normenbegründung, ist.

In Teil III. folgt die Diskussion der wichtigsten Normenbegründungsprogramme und deren Anwendung auf das Problem des Tier- und Artenschutzes. Weiterhin werden Normen der intergenerationellen Gerechtigkeit behandelt, da hier das Begründungsproblem in einer bedeutsamen Hinsicht eine ganz ähnliche Struktur aufweist wie im Fall der Tierschutznormen.

Den Abschluß bilden eine Zusammenfassung und eine Bestimmung des Verhältnisses von Ethik zu Ökonomik.

1.2 Begriffliche Voraussetzungen

Begriffsbestimmungen müssen jeder Analyse vorausgehen, da sie an irgendeinem Punkt beginnen muß. Gleichzeitig sind solche Begriffsbestimmungen nie endgültig, denn im Prozeß einer Untersuchung erfahren sie Veränderungen. Daß dies geschieht, ist nicht eigentlich ein Mangel der zuerst gegebenen Begriffsbestimmung, sondern es liegt im Wesen eines Forschungsprozesses und zeichnet gerade dessen Fruchtbarkeit aus. Der erste Zugang zu einem Forschungsgebiet kann stets nur mittels unserer Alltagsbegriffe geschehen. Die Verwendung von unscharfen und mehrdeutigen Begriffen führt im Verlauf einer Untersuchung entweder in logische Widersprüche oder zur Bildung von Theorien ohne Erklärungsgehalt. Der wissenschaftliche Fortschritt ist daher durch eine ständige Präzisierung der verwendeten Begriffe gekennzeichnet, die idealerweise zur Beschreibung der Phänomene in einer formalen Sprache führt.

Eine Begriffsklärung hat auf die Mehrdeutigkeiten von Wörtern der Alltagssprache hinzuweisen und anzugeben, in welchem Sinn sie verwendet werden sollen. Wo Mehrdeutigkeiten vorliegen, sind Begriffsdifferenzierungen vorzunehmen.

Die erste Unterscheidung, die man vornehmen kann, ist die zwischen einer Wissenschaft und ihrem Gegenstand. Für die hier in Frage stehenden Wissenschaften, Ökologie, Ökonomik und Ethik, müssen die Gegenstandsbereiche benannt werden, und ihr Verhältnis zueinander ist zu bestimmen.

a) Ökologie

Ökologie ist eine Naturwissenschaft. Sie ist eine Teildisziplin der Biologie und befaßt sich mit der *Erklärung* von Vorgängen in der belebten Natur. Dabei stehen die Interdependenzen von Individuen verschiedener Arten, die einen gemeinsamen Lebensraum (Ökosystem) teilen, im Zentrum des Interesses. Ein zentrales Paradigma dieser Wissenschaft ist durch den Begriff des ökologischen Gleichgewichts gekennzeichnet.[6] Ökologen haben Modelle entwickelt, die kausale Wirkungsgefüge abbilden und so Aufschluß über die möglichen Entwicklungen eines Systems geben. An solchen Modellen läßt sich zeigen, daß bestimmte exogene Einflüsse von einem System kompensiert werden und Gleichgewichtszustände erreicht werden, die den früheren gleichen oder ähnlich sind. Andere Eingriffe in ein System können hingegen zu solchen

---

[6] Vgl. Odum (1971) 47f.

Störungen des Systems führen, daß sich grundlegende Parameter ändern, beispielsweise bestimmte Arten in dem System nicht länger vorkommen.

Aus der Bestimmung von "Ökologie" als empirische Wissenschaft ergibt sich direkt die Unmöglichkeit eines Gegensatzes von Ökologie zu Ökonomik. Will man die Gegensatzthese rekonstruieren, so muß man von einem anderen Ökologiebegriff ausgehen. Dieser zweite Begriff hat normativen Gehalt, der sich aus zwei Aspekten herleitet. Zum einen wird das Paradigma des Gleichgewichts, das die Wissenschaft "Ökologie" verwendet, normativ umgedeutet. Gleichgewicht ist nicht mehr ein Zustand, der sich in einem System unter bestimmten Bedingungen einstellt, sondern ein Zustand, den es herzustellen gilt. "Gleichgewicht" wird also mit der Forderung verknüpft, die Bedingungen zu schaffen, unter denen sich ein Gleichgewicht einstellen kann, und im Gleichgewicht befindliche Systeme nicht zu stören. Der zweite Aspekt, der ebenfalls zu einer normativen Umdeutung von "Ökologie" geführt haben könnte, ist die mit Hilfe der Ökologie gewonnene Einsicht, daß die Menschen als Art einen bestimmten Platz in einem bio- oder ökologischen Wirkungsgefüge haben, d.h., daß ihre Lebensmöglichkeiten von den Lebensmöglichkeiten anderer Arten abhängen. Eingriffe in die Natur sind demnach immer begleitet von Änderungen und, möglicherweise, Verschlechterungen der menschlichen Lebensbedingungen. Daraus entsteht die Forderung, Eingriffe in die Natur möglichst zu vermeiden.

Es sind also zwei Begriffe von Ökologie zu unterscheiden: Der eine bezeichnet die naturwissenschaftliche Disziplin, der andere ihre normative Umdeutung.

b) Ökonomik

Die hier vorzunehmenden Begriffsdifferenzierungen sind vielfältiger. Zunächst ist auf die Unterscheidung hinzuweisen, die durch das Begriffspaar "Ökonomik-Ökonomie" eingefangen wird. "Ökonomik" bezeichnet die Ebene wissenschaftlicher Reflexion, "Ökonomie" die des praktischen Lebensvollzugs.[7]

Ökonomik ist eine sozialwissenschaftliche Disziplin. Ihren Gegenstand, Ökonomie oder Wirtschaft, zu definieren, ist nicht einfach, vielleicht unmög-

---

[7] Homann et al. (1988) 10.

lich, und es ist wohl jedem Versuch, eine Definition zu geben, widersprochen worden.[8] Die bekannteste Bestimmung wird von Wicksell so formuliert:

> "By an *economic* phenomenon or activity is meant every systematic endeavour to satisfy a material need, or, more precisely, one which seeks with the available means to achieve the greatest possible result, or a given result with the least possible means."[9]

Diese Bestimmung erscheint in zweierlei Hinsicht unzureichend. Einerseits wird jedes ökonomische Handeln als ein Optimieren aufgefaßt, so daß nur eine Bestimmung von "Ökonomik" als normative Ökonomik möglich ist. Zum anderen liegt sie im Konflikt mit dem Opportunitätskostenprinzip. Die Verfügbarkeit der Mittel kann nach diesem Prinzip nicht als gegeben angenommen werden, sondern ist stets mit Kosten belastet, die im Verzicht auf Erreichung anderer Ziele bestehen. Max Webers Bestimmung von "Wirtschaft" ist in dieser Hinsicht sorgfältiger:

> "Wenn irgend etwas, dann bedeutet, praktisch angesehen, Wirtschaft vorsorgliche Wahl zwischen *Zwecken*, allerdings: *orientiert* an der Knappheit der Mittel, welche für diese mehreren Zwecke verfügbar oder beschaffbar erscheinen."[10]

Knappheit und die Entscheidung zwischen Handlungsalternativen können als die prägenden Momente wirtschaftlichen Handelns gelten. Wer nicht vor Alternativen steht, kann (muß) nicht entscheiden, also nicht wirtschaften. Wer zwischen Alternativen entscheidet, muß, bei begrenzter Lebenszeit und Unwiederholbarkeit spezifischer Situationen, stets einige Möglichkeiten auslassen. Die ausgelassenen Möglichkeiten sind die Kosten der gewählten Handlung - ein Ergebnis der Knappheit. Ökonomik ist also keine Wissenschaft, die sich in ihrem Gegenstand auf Geld- und Güterwirtschaft beschränkt, sondern sie ist mit dem gesamten Bereich menschlichen Handelns befaßt.[11]

Innerhalb der Ökonomik kann nun zwischen normativer und positiver Ökonomik unterschieden werden. Die normative Ökonomik versucht, gegeben Ziele und Restriktionen, Handlungsanweisungen zu geben. Positive Ökonomik

---

[8] Z.B. Schumpeter (1908) 29ff kritisiert verschiedene Definitionsversuche. Einer Kritik standhalten dürfte nur Jacob Viners Definition "Economics is what economists do", die von Boulding (1941) 3 zitiert wird.

[9] Wicksell (1901) 2; Hervorhebung im Orginal.

[10] Weber (1921) 32; Hervorhebungen im Orginal.

[11] Vgl. Hirshleifer (1985). Als Beispiel möge die Aufsatzsammlung von G.S. Becker, (1976) dienen.

ist die Beschreibung empirisch vorgefundener Aspekte wirtschaftlichen Verhaltens und ihre Prognose. Das Verhältnis von normativer und positiver Ökonomik ist aber nicht unproblematisch und wird noch zu diskutieren sein.[12] Hier genügt es, die Unterscheidung in einer vorläufigen Form vorgestellt zu haben. Hinter dem Begriff "Ökonomik" verbirgt sich, wie auch im Falle des Ökologiebegriffs, eine empirische Theorie und ihr normatives Gegenstück. Damit kann nun die Gegensatzthese besser verstanden werden: Die normativen Vorgaben, die sich aus *normativer* Ökologie einerseits und *normativer* Ökonomik andererseits gewinnen lassen, beinhalten einen Widerspruch.

c) Ethik

Vor einer weiteren Ausarbeitung der Gegensatzthese sind noch einige Bemerkungen zu Begriff und Gegenstand von Ethik notwendig. Zunächst kann auch hier eine Unterscheidung der Ebene wissenschaftlicher Reflexion von der Ebene praktischen Lebensvollzugs, also von Ethik und Moral, vorgenommen werden.[13] Mit "Moral" wird ein Normensystem bezeichnet. Ethik versucht dagegen, die Struktur von Normensystemen offenzulegen, ihre Konsistenz zu prüfen und Normen zu rechtfertigen.[14]

Auch in der Ethik wird, analog zur Ökonomik, ein normativer und ein positiver Zweig der Wissenschaft unterschieden. Die empirische Erforschung der Moral, d.h. die deskriptive Ethik, wird allerdings meist den Sozialwissenschaften, der Anthropologie oder neuerdings der Soziobiologie zugerechnet.[15] Der üblicherweise verwendete Ethikbegriff stellt normative Aspekte in den Vordergrund, d.h. die Frage nach der Rechtfertigung von Normen.

Für das folgende möchte ich daher einige Modifikationen der Terminologie vornehmen, die eine konsistente und eindeutige Redeweise erlauben.

(i) Der normative Aspekt von Ökologie wird unter "Ethik" bzw. "Moral" subsumiert; denn es sind ethische Überlegungen, die ökologische Forderungen zu rechtfertigen suchen. Ökologische Forderungen sind moralische Forderungen, die sich auf ökologische Sachverhalte beziehen. Der Begriff "Ökologie"

---

[12] Vgl. Kap. 2., S.25ff.

[13] Vgl. Anmerkung 7.

[14] Ich verwende "Begründung" und "Rechtfertigung" synonym.

[15] Die stärksten Bemühungen, Erklärungen für geltende Normensysteme zu geben, werden in der jüngsten Zeit von der Soziobiologie unternommen. Die Soziobiologie sieht den Moralbegriff nicht länger auf den Menschen beschränkt. Vgl. etwa Wilson (1975).

wird nur noch empirisch-deskriptiv verwendet. Dies geschieht auch deswegen, weil der normative Ökologiebegriff ideologisch überfrachtet ist.

(ii) "Ethik" wird als Bezeichnung für normative Ethik verwendet.

(iii) In der Ökonomik ist die Unterscheidung von normativer und positiver Theorie fest etabliert. Da in dieser Arbeit die normativen Aspekte im Vordergrund stehen, bezeichne ich mit "Ökonomik", wenn sich aus dem Kontext nichts anderes ergibt, immer die normative Ökonomik.

Im alltagssprachlichen Gebrauch des Wortes "Moral" liegt eine weitere Zweideutigkeit. Einmal steht es für "herrschende Moral", es kann aber, zweitens, auch in der Bedeutung von "die richtige Norm" gebraucht werden. In der letzteren Bedeutung ist moralisches Handeln nicht ein Handeln, das der gerade geltenden Norm entspricht, sondern einer solchen Norm, die als die *richtige* ausgewiesen werden kann. Ethik als normative Wissenschaft versucht, Rechtfertigungen für Normen zu geben, d.h. sie als richtig auszuweisen, und beschäftigt sich also mit Moral in diesem zweiten Sinne.[16] Moralität ist eine Qualfikation einer Norm, die über ihre bloße Geltung hinaus geht. "Moral", "Moralität" und "moralisch" werden im folgenden nur noch in diesem Sinn verwendet.

d) Die Gegensatzthese

Die oben angeführten terminologischen Bemerkungen machen eine Reformulierung der Gegensatzthese nötig. Sie lautet nun: Moralische und wirtschaftliche Normen stehen in einem Gegensatz. Ethische und ökonomische Rechtfertigungen führen nicht zum gleichen, sondern zu inkompatiblen Normensystemen. Wirtschaftlich richtiges Verhalten ist nicht immer ethisch zu rechtfertigen.

Der Versuch, diesen Widerspruch aufzulösen, steht im Zentrum einer Debatte in der sich soeben konstituierenden Disziplin "Wirtschaftsethik", und das Ergebnis dieser Debatte wird entscheidenden Einfluß auf das Paradigma (im Kuhn'schen Sinne) der Wirtschaftsethik haben.

Es gibt nun grundsätzlich zwei Möglichkeiten, den Gegensatz zwischen Ökonomik und Ethik aufzulösen. Die erste ist es aufzuzeigen, daß der Gegen-

---

[16] Nur wenn diese Bedeutung von "Moral" unterstellt wird, kann sinnvoll von moralischen Normen gesprochen werden. In der Bedeutung von "herrschender Moral" wäre jede geltende Norm trivialerweise eine moralische Norm.

satz auf einem Mißverständnis beruht und in Wirklichkeit nicht existiert. Zweitens kann man behaupten, die Ethik habe systematischen Vorrang vor der Ökonomik, und dort, wo die Gegensätze hervortreten, ist stets der moralischen Norm der Vorzug zu geben.[17] Diese Sichtweise wird von Homann und Suchanek als Anwendungsmodell bezeichnet.[18] Ethik und Ökonomik stehen in einem hierarchischen Verhältnis. Die unabhängig von ökonomischen Überlegungen vorgegebenen, moralischen Normen werden von der Ökonomik übernommen und angewendet.[19]

Nach dem Anwendungsmodell könnte man die Arbeitsteilung der gesellschaftlichen Institutionen und Wissenschaften durch das folgende grobe Raster charakterisieren.

Institution / *Funktion*	gesellschaftliche Institution	Wissenschaft im Umweltbereich	Operationalisierung
stellt Fakten fest	Wissenschaft	Ökologie	Restriktionen
setzt Ziele	Politik, Gesetzgebung	(Umwelt-) Ethik	Zielfunktion
bestimmt Mittel	Wirtschaft	(Umwelt-) Ökonomik	Optimierung

TAFEL 1: Anwendungsmodell

Der Zielkonflikt zwischen Wirtschaft und Moral ist dadurch ausgeräumt, daß die Ökonomik nur normative Vorgaben einer untergeordneten Art macht und zuallererst die Vorgaben der Ethik respektiert.

Aus verschiedenen Perspektiven wird am Anwendungsmodell Kritik geübt. Zwei Voraussetzungen, die das Modell machen muß, scheinen nicht erfüllt zu sein.[20]

---

17 Logisch möglich wäre außerdem ein Vorrang der Ökonomik vor der Ethik. Diese Position vertritt aber, soweit ich sehe, niemand.

18 Homann/Suchanek (1987) 102ff.

19 Ebd. 102ff. Das Anwendungsmodell scheint die Standardsichtweise des Verhältnisses von Ethik und Ökonomik zu sein. Es wird bspw. in den Lehrbüchern von Woll (1969) und Pütz (1971) verwendet. In der wirtschaftsethischen Diskussion vertritt Koslowski (1988) und (1989) ein Anwendungsmodell.

20 Diese Kritik findet sich bei Homann/Suchanek (1987) 111f und Homann (1988a) 107f.

(i) Eine Anwendung der Ökonomik auf die ethisch bestimmten Ziele ist nur dann erfolgreich, wenn *die* Ethik tatsächlich *ein* Zielsystem als das richtige ausweist. Wenn aber, wie es der Fall ist, konkurrierende Ethiken auftreten, führt das Anwendungsmodell nicht mehr zu verbindlichen Handlungsanweisungen.

(ii) Die zweite unerfüllte Voraussetzung des Anwendungsmodells ist die vollständige Unterscheidbarkeit der fraglichen Disziplinen, Ethik und Ökonomik. Ihre Unterscheidbarkeit würde voraussetzen, daß Ziele und Mittel, also ihre Gegenstände, unterscheidbar sind.[21] Die Unmöglichkeit dieser Unterscheidung folgt jedoch aus dem für die Ökonomik fundamentalen Opportunitätskostenprinzip. Anders formuliert: Alle Ziele haben Mittelcharakter, da eine Einschränkung bezüglich eines Ziels der Förderung eines anderen Ziels dienen kann.

Der zuerst genannte Punkt, daß es konkurrierende ethische Theorien gibt, ist kein strenger Einwand gegen das Anwendungsmodell, macht aber auf die Grenzen des Modells aufmerksam. Dagegen ist der zweite Einwand schwerwiegender. Seit die Ökonomik Institutionen, also auch Normen, nicht mehr als Rahmen für ihre Untersuchungen hinnimmt, sondern sie in ihre Analyse einbezieht, liegt es nahe, daß auch die Normen des Guten und Rechten (als die ethischen Grundkategorien) nicht unabhängig von ökonomischen Überlegungen erkannt werden können.[22]

Wie schon angedeutet, könnte die Gegensatzthese auch auf einem Mißverständnis beruhen, so daß hier ein Scheinproblem vorliegt, das sich auflöst, sobald die begrifflichen Voraussetzungen hinreichend geklärt sind. Das Anwendungsmodell akzeptiert die Gegensatzthese im Grundsatz und beseitigt den Gegensatz durch eine dogmatische Setzung. Der dazu alternative Lösungsversuch bestreitet dagegen das Vorliegen eines Gegensatzes.

Der Gegensatz besteht, um es noch einmal zu sagen, in sich widersprechenden normativen Vorgaben, die Ökonomik und Ethik machen. Um den Gegensatz zu analysieren, kann nach den Rechtfertigungsgründen der Normen gefragt werden. In der Ökonomik werden sie mit Rückgriff auf Rationalität gerechtfertigt - eine rationale Entscheidung ist immer auch ökonomisch richtig. Ethische Rechtfertigungen rekurrieren dagegen auf praktische Vernunft. Ob sich daraus ein Gegensatz ergibt, steht nicht apriori fest, sondern hängt von den Konzepten

---

21 Ausführlicher wird das Verhältnis von Zielen und Mitteln von Homann (1980) untersucht.

22 Vgl. Homann (1988b).

von praktischer Vernunft und ökonomischer Rationalität ab.[23] Ökonomische Rationalität wird dabei meist mit egoistischer Nutzenmaximierung identifiziert, während hinter dem Konzept von praktischer Vernunft der bekannte unparteiische Beoabachter steht.[24] Und es sind diese Konzepte (oder Paradigmen), die zur Gegensatzthese führen und damit das Anwendungsmodell als Paradigma von Wirtschaftethik zu etablieren suchen.

Diese Position kann nun von zwei Seiten kritisiert werden. Zum einen gibt es den unparteiischen Beobachter nicht. Die Legitimität von Normen wird nicht von außerhalb eines sozialen Systems bestimmt. Zum anderen verwenden die Vertreter der Gegensatzthese einen verkürzten Begriff von ökonomischer Rationalität, in dem sie unterstellen, ökonomische Überlegungen kämen dort an ein Ende, wo Externalitäten auftreten und der Marktmechanismus nicht das gesellschaftliche Optimum hervorbringt. Dies läßt nämlich außer acht, daß die einzelne nicht nur *in* einem institutionellen Rahmen handelt, sondern diesen durch ihr Verhalten auch mitbestimmt. Externalitäten sind nicht eine Beschränkung normativer Ökonomik, sondern haben durch die Untersuchung sozialer Dilemma-Situationen sehr befruchtend auf die Theoriebildung gewirkt. Nachdem sich die Umweltökonomik, die Institutionenökonomik und speziell der Property-Rights-Ansatz als erfolreiche Zweige ökonomischen Denkens etabliert haben, dürfte der enge Rationalitätsbegriff, der in die Gegensatzthese führt, unakzeptabel geworden sein. Trägt man dieser Kritik Rechnung, so erhält man ein Paradigma von Wirtschaftsethik, das eine Synthese sucht: Normative Ökonomik und Ethik versuchen auf die gleiche Frage zu antworten - Was sollen wir tun?[25]

e) Weitere Bemerkungen zu einzelnen Begriffen

In diesem Abschnitt möchte ich die Begriffe "egoistisch", "altruistisch", "anthropozentrisch" und "biozentrisch" kurz erläutern, da sie in der

---

23 Ethische Theorien, die Rechtfertigungen nicht aus praktischer Vernunft, sondern aus religiös-metaphysischen Grundsätzen ableiten, liefern Normen, die durchaus im Widerspruch zu den Normen ökonomischer Rationalität stehen können.

24 Vgl. z.B. Mittelstraß (1985) 21f oder Vossenkuhl (1985) 138.

25 Homann/Suchanek (1987) 113 sprechen hier von einem "Modell des *Beitrags* zur Grundlegungsdikussion" der Ethik (Hervorhebung im Orginal). Dieses Paradigma von Wirtschaftethik steht in unmittelbarer Nähe zum aristotelischen Begriff der praktischen Philosophie, der Ethik, Ökonomik und Politik umfasst. Die methodische Einheit von Politik und Ökonomik wird insbesondere von der Wohlfahrtsökonomik nach Arrow und der Institutionenökonomik gesucht.

(umwelt)ethischen Diskussion häufig Verwendung finden und mitunter für Verwirrung gesorgt haben.

(i) Egoismus und Altruismus sind individuelle psychologische Einstellungen. Es wird immer wieder behauptet, Altruismus könne es nicht geben, da jedes Handeln, das um des Nutzens einer anderen Person willen geschieht, auf egoistisches Verhalten zurückgeführt werden kann. Die Handelnde zieht eben Nutzen gerade aus dem Wohlergehen der anderen. Ein so gefaßter Egoismusbegriff ist aber unfruchtbar, denn es gibt dann kein Handeln, das als nicht-egoistisch bezeichnet werden könnte. Begriffe werden aber eingeführt, um Diskriminationen vorzunehmen, d.h. jeder Begriff braucht ein Gegenstück. Unter einem sinnvoll gefaßten Begriffspaar "Egoismus - Altruismus", würde als Altruist jeder bezeichnet, in dessen Nutzenfunktion die Nutzen von anderen als Argumente vorkommen. Entsprechend dem Gewicht, das die Nutzen anderer in der Nutzenfunktion einnehmen, könnte man von "Graden des Altruismus" sprechen. Egoist ist der, auf dessen Nutzen das Wohlergehen anderer keinen Einfluß hat. Im Fall von Neid und Schadenfreude kommt das Wohlergehen anderer mit negativem Vorzeichen in der eigenen Nutzenfunktion vor. Diesen Fall könnte man als negativen Altruismus bezeichnen.

(ii) Vergleichbare Bemerkungen lassen sich zum Begriffspaar "anthropozentrisch-biozentrisch" machen. So, wie die Welt beschaffen ist, sind es nun einmal Menschen, die entscheiden, handeln und institutionelle Arrangements treffen. Jede Norm richtet sich daher in ihrem Anspruch an Menschen, soll menschliches Verhalten regulieren.[26] Ob eine Moral anthropozentrisch ist oder nicht, richtet sich nicht nach den Adressaten ihrer Normen oder danach, woher ihre normative Kraft stammt (z.B. aus einer Abstimmung oder aus dem Willen Gottes), sondern danach, worauf sich die Normen richten, d.h., welche Werte in ihnen Berücksichtigung finden oder welchen Entitäten Wert zugemessen wird. Werden nur menschliche Interessen als relevant angesehen, so spricht man von anthropozentrischer Moral. Sind alle lebenden Organismen relevant , so spricht man von biozentrischer Moral. Auf gleiche Weise sind die Begriffe "pathozentrische Moral" und "holistische Moral" zu verstehen, die also Normensysteme bezeichnen, die allen leidensfähigen Organismen, bzw. allen belebten und unbelebten Gegenständen Wert zumessen, und die Normen auf diese Werte gründen.

---

[26] Dies ist natürlich ein kontingentes Faktum. Gäbe es nicht-menschliche Handelnde, müßte hier eine weitere Differenzierung eingeführt werden.

1.3 Die Begründbarkeit von Normen

Moralische Normen konstituieren Verpflichtungen und stellen Verhaltensbeschränkungen für einzelne Handelnde dar. Doch warum sollen Verpflichtungen anerkannt und Verhaltensbeschränkungen akzeptiert werden? - Die Begründungsfrage stellt sich unmittelbar.

Die zahlreichen Versuche, Normenbegründungen zu geben, sind ganz unterschiedlicher Art hinsichtlich ihrer Methode und ihres Anspruchs. In jedem Fall aber ist eine Begründung eine Argumentation, die etwa eine Handlung H als die für die Person x richtige Handlung auszuweisen sucht. Betrachten wir die Norm:

(*) x soll H tun.

Man kann nun fragen, wie eine Argumentation, an deren Ende (*) steht, aussehen kann. Zwei Fälle sind denkbar:

(1) Deontologische Argumentation: H fällt unter eine Klasse von Handlungen **H**, die als apriori gute Handlungen erkannt werden (können).

(2) Teleologische Argumentation: H führt zu einem Zustand Z, der wünschenswert ist.

In beiden Fällen wird aber nicht eine Antwort auf die Begründungsfrage gegeben, sondern nur die Ebene der Begründung verschoben: Wieso sind Handlungen vom Typ **H** bzw. der Zustand Z erwünscht? Begründungsfragen dieser Art scheinen unauflösbar zu sein und in einen unendlichen Regreß, in einen logischen Zirkel oder zum dogmatischen Begründungsabbruch zu führen.[27] Aus diesem sogenannten "Münchhausentrilemma"[28] der Begründung sind mehrere Auswege versucht worden. Zum einen werden Versuche unternommen, Letztbegründungen zu geben.[29] Zum anderen wird der Begründungsanspruch als überzogen zurückgewiesen.[30] Als dritte Möglichkeit bleibt, wenn die beiden erstgenannten nicht zu überzeugen vermögen, die Einsicht, daß dem ethischen Skeptizismus nichts entgegengehalten werden kann. Da hier bescheidenere Ansprüche erhoben werden als die Widerlegung des (ethischen) Skeptizismus, will ich diese Diskussion nicht weiter verfolgen. Die in Teil III. vorge-

---

[27] Albert (1968) 13.

[28] Ebd.; Albert hat das Problem nach dem "Lügenbaron", der sich am eigenen Schopf aus dem Sumpf gezogen haben will, benannt.

[29] Vgl. z.B. Apel (1973).

[30] Etwa bei Albert (1968) 35.

stellten Normenbegründungen des utilitaristischen oder des rawlsianischen Typs sind nur in einem eingeschränkten Sinne Begründungen. Sie setzen jeweils die Akzeptanz bestimmter Prämissen voraus und sind damit also weder Letztbegründungen, noch wird der Begründungsanspruch tatsächlich als überzogen zurückgewiesen.[31]

Vertragstheoretische Ansätze verhalten sich zum Begründungsproblem dagegen grundsätzlich anders. Sie unterlaufen das "Münchhausentrilemma", indem sie die Voraussetzung, die zur Begründungsfrage führt, als inadäquat zurückweisen. Moralische Normen sind in vertragstheoretischer Perspektive nicht *von außen* auferlegte Verpflichtungen (und als solche wären sie begründungsbedürftig), sondern Selbstbeschränkungen, die aus einem wechselseitigen Interesse resultieren. Moralische Normen sind nicht Restriktionen für die einzelnen, sondern eröffnen allererst Handlungsmöglichkeiten; Handlungsmöglichkeiten, die im Hobbes'schen Krieg aller gegen alle niemals verwirklicht werden könnten.[32] Normen, die aus der Perspektive eines idealen Beobachters entwickelt werden, sind begründungsbedürftig, da die einzelne handelnde Person nie diesen idealen Standpunkt einnimmt und immer fragen kann, warum sie ihn einnehmen sollte. Vertragstheorien entwickeln dagegen Normen konsequent aus einer individualistischen Perspektive, die die Begründungsfrage vollständig unterläuft. Auf die Frage, "Wozu könnte Moral gut sein?"[33] kann dann eine Antwort gegeben werden, die auf den Interessen der einzelnen und nicht auf abstrakten Prinzipien basiert ist.

1.4 Exkurs: Was ist Interdisziplinarität?

a) Bemerkungen zur Bestimmung von "Disziplin"

Um etwas zu Sinn und Zweck *inter*disziplinärer Forschung zu sagen, muß etwas zur disziplinären Arbeitsteilung der Wissenschaften vorausgeschickt werden. Eine erste einfache und naheliegende Einteilung der Wissenschaften folgt einem intuitiven Vorverständnis, daß in Natur und Gesellschaft verschie-

---

[31] Pieper (1979) 8 konstatiert, daß Letztbegründungsversuche "kaum ernsthaft diskutiert" und gesucht werden. Dem Vorwurf, eine "pragmatische" und nicht eine "ethische" Normenbegründung zu geben (ebd. 7), ist auch diese Arbeit ausgesetzt.

[32] Diese Hobbes'sche Einsicht ist in neuerer Zeit von James Buchanan und der "Virginia School" aufgegriffen worden. Vgl. Sandmo (1990).

[33] Hegselmann (1988).

dene Arten von Gegenständen vorkommen. Die Wissenschaften werden dann eingeteilt wie die Gegenstände, die betrachtet werden. Wenn eine empirische Einzelwissenschaft den Versuch von Erklärung und Prognose von Phänomenen unternimmt, setzt sie bereits eine Einteilung der Phänomene voraus. Aber dies ist nicht ohne Probleme. Zwar gibt es einige paradigmatische Fälle, für die diese Einteilung erfolgreiche Forschung ermöglicht, aber in vielen Fällen richtet sich die disziplinäre Arbeitsteilung nicht nur nach den Gegenständen. Die Sterne sind der Gegenstand der Astronomie und die Tiere der Gegenstand der Zoologie, aber den Menschen haben Soziologie, Psychologie, Medizin und andere Wissenschaften zu ihrem Gegenstand, ohne daß sie deswegen zusammenfallen. Descartes schreibt:

> "Man wird also zu der Annahme geführt, daß alle Wissenschaften untereinander derart verknüpft sind, daß es bei weitem leichter ist, sie alle insgesamt zu erlernen, als eine einzige von den übrigen loszulösen."[34]

Wenn auch keine strenge Abgrenzung der Einzeldisziplinen voneinander möglich erscheint, so gibt es doch eine Reihe von Merkmalen, nach denen die Wissenschaften eingeteilt werden können. Neben den Gegenständen sind dies die Art der Daten, die Ebene der Abstraktion, die Methoden und analytischen Instrumente, die praktischen Anwendungsmöglichkeiten und auch historisch kontingente Umstände, wie etwa ökonomische Bedingungen oder ideologische Ausrichtungen.[35] Die Vielfalt der Kriterien verhindert eine einfache Systematisierung der wissenschaftlichen Disziplinen in einem Schema.[36] Es gibt Wissenschaften, die dieselbe Methode auf verschiedene Gegenstandsbereiche anwenden, und andere, die zur Untersuchung eines Gegenstandsbereichs sehr verschiedene Methoden anwenden. Daß dies so ist, resultiert vor allem daraus, daß die Forschung von verschiedenen Erkenntnisinteressen geleitet wird. Die Problemstellungen, die die Forschung stimulieren, sind oft an praktischen Belangen und nicht an Klassen von Gegenständen als solchen interessiert.

---

[34] Descartes (1701) 5. Descartes schreibt dies (allerdings in einem anderen Kontext) in der ersten seiner Regeln, die er für ein wissenschaftliches Erkenntnisprogramm vorschlägt. Die Schrift stammt bereits etwa aus dem Jahr 1628, ist aber erst posthum veröffentlicht worden.

[35] Vgl. Heckhausen (1972) 83ff.

[36] Ein Schema, daß etwa eine Einteilung in Natur- und Geisteswissenschaften vornimmt, die Geisteswissenschaften weiter einteilt in Sozialwissenschaften, Geschichtswissenschaft und Philologien und die Sozialwissenschaften wiederum einteilt in Soziologie, Ökonomik usf., ist immer stark idealisiert. Sind Psychologie und Medizin Natur- oder Sozialwissenschaften? Wie ordnet man die Wirtschaftsgeschichte ein? Wie passen Logik und Mathematik in das Schema?

Diese Doppelorientierung der Disziplinen zwischen Sachbezug und Interessenbezug[37] erschwert die Bestimmung der Disziplinen.

Da der Begriff der Disziplin im Grundsatz jede Kombination von Gegenstand, Methode und Problemstellung erlaubt, ist zunächst unverständlich, welchen Platz interdisziplinäre Forschung einnehmen könnte. Jedoch dürfen Disziplinen nicht als ideal auf Problemstellung und Methode zugeschnitten gedacht werden. "Disziplinen sind historische Einheiten"[38], also Institutionen, die sich den ändernden Problemstellungen und verbesserten Methoden nur allmählich anpassen. Innerhalb einer Disziplin werden bestimmte Probleme mit bestimmten Methoden bearbeitet, d.h.: weder werden in der disziplinären Forschung die für eine Disziplin üblichen Methoden auf andere Probleme, noch werden andere Methoden auf die für die Disziplin typischen Probleme angewendet. Gerade dies ist die Aufgabe der interdisziplinären Forschung. Sie gewinnt gerade dort an Bedeutung, wo die Normalwissenschaft, wie sie Thomas S. Kuhn beschreibt,[39] die ihr aufgegebenen Probleme nicht zu lösen vermag. Nach Kuhn bestimmt sich ein disziplinäres System durch symbolische Verallgemeinerungen, metaphysische Paradigmata, Werte und Musterbeispiele (Kuhn'sches Paradigma)[40], die von allen in der Disziplin arbeitenden Wissenschaftlern gleichermaßen geteilt werden. Problemlösungen innerhalb des disziplinären Systems stärken das System, während ungelöste Probleme Krisen auslösen, die eine Veränderung des Paradigmas herbeiführen können. Im Bereich der Sozialwissenschaften spielt die interdisziplinäre Forschung bei der Veränderung von Paradigmata eine besondere Rolle.[41] Da die Gegenstandsbereiche der sozialwissenschaftlichen Disziplinen nicht von einander getrennt werden können, entstehen neue Paradigmata aus der Neukombination einzelner Elemente aus verschiedenen Disziplinen. Erfolgreiche interdisziplinäre Forschung, wird nach einiger Zeit nicht mehr als solche zu erkennen sein, da sich die neue Kombination von Problem und Methode als ein neues Paradigma etabliert, also ein neues disziplinäres System konstituiert. Auch die interdisziplinäre Forschung zwischen Ethik und Ökonomik verfolgt dieses Ziel. Bevor

---

[37] Krüger (1987) 116f.

[38] Ebd. 116.

[39] Kuhn (1962).

[40] Kuhn (1969) 194ff. Aeppli (1980) beschreibt die Ökonomik als eine in diesem Sinne multiparadigmatische Wissenschaft.

[41] Die Relevanz der Kuhn'schen Wissenschaftsauffassung für die Sozialwissenschaften ist umstritten, da ein Kuhn'sches Paradigma gar nicht deutlich ausgebildet ist und bestimmt werden kann. Von dieser Problematik soll aber hier abgesehen werden.

ich darauf zurückkomme, sollen jedoch verschiedene Formen der Interdisziplinarität beschrieben werden.

b) Formen der Interdisziplinarität im Bereich der Ökonomik

Josef Falkinger unterscheidet additive, imperialistische und verändernde Interdisziplinarität,[42] womit Arten des Forschungsansatzes und die möglichen Beziehungen zwischen Disziplinen beschrieben werden können. Additive Interdisziplinarität ist das bloße Zusammentragen von Fakten und Gesetzmäßigkeiten verschiedener Disziplinen. Dies ist nur dann unproblematisch, wenn die verschiedenen disziplinären Ansätze kompatibel sind, etwa dann, wenn sie verschiedene Gegenstände betrachten. Imperialistische Interdisziplinarität liegt vor, wenn eine Disziplin Fragestellungen, die traditionell zu einer anderen gehören, aufgreift, ohne daß sich dabei das Paradigma der imperialistischen Wissenschaft ändert. Zu diesen Fällen von "Verdrängung" kann es nur dort kommen, wo die imperialistische Disziplin für die Probleme, die zur anderen Disziplin gehör(t)en, erfolgreiche Lösungen gibt. Die dritte Form der Interdisziplinarität liegt vor, wenn zwei Disziplinen, die die gleichen Fragestellungen haben, keine Lösungen anbieten können. In diesem Fall kann ein neues Paradigma entstehen, das Elemente aus beiden Disziplinen enthält.

Für alle drei Formen der Interdisziplinarität finden sich Beispiele im Bereich der Ökonomik in der Beziehung zu ihren Nachbardisziplinen. An Beispielen sollen sie nun ausführlicher erörtert werden. Dabei wird deutlich werden, daß es zwar möglich ist, Grundmuster der genannten Formen der Interdisziplinarität zu erkennen, diese Formen aber in der Wissenschaftspraxis nicht in "Reinform" vorkommen. Nur in erster Näherung läßt sich interdisziplinäre Forschung unter die von Falkinger vorgeschlagenen Kategorien bringen.

(i) Additive Interdisziplinarität: Als Beispiel für additive Interdisziplinarität kann in der Regel jede Zusammenarbeit zwischen Ökonomik und den Technik- und Naturwissenschaften dienen. Die Bestimmung ökonomischer Größen setzt Kenntnisse über technische Koeffizienten und naturgesetzliche Zusammenhänge voraus. Man denke dabei etwa an eine Produktionsfunktion und das Gesetz vom abnehmenden Ertragszuwachs. Was die Produktionsfunktion erst zu etwas spezifisch ökonomischem macht, ist die Bewertung der physischen Größen mit Preisen. Die Erklärung und Prognose des Angebots auf einem

---

[42] Falkinger (1988) 4ff.

Markt benutzt via Produktionsfunktion auch immer Kenntnisse über außerökonomische Gesetzmäßigkeiten.

Hier soll aber ein anderes Feld interdisziplinärer Forschung in den Blick genommen werden: das zwischen Ökonomik und Psychologie. Schließlich erfolgt die Erklärung wirtschaftlicher Vorgänge mit Rückgriff auf Verhaltensannahmen. Die Verhaltensannahmen, mit denen Ökonomen operieren, sind jedoch äußerst restringiert. Im Extremfall ist die Nutzenmaximierung der Individuen die einzige Annahme, die getroffen wird. Solange jedoch der Nutzenbegriff nicht näher spezifiziert wird, sind solche Annahmen empirisch leer und als heuristische und konzeptionelle Annahmen zu begreifen. Der Versuch, die "Tautologisierung" der Ökonomik zu überwinden und zu empirisch gehaltvollen Theorien zu kommen, setzt genau an dieser Stelle an. Es wird versucht, die Verhaltensannahmen empirisch zu füllen, indem auf psychologische Prämissen zurückgegriffen wird. Der empirische Gehalt der ökonomischen Theorie liegt darin, daß Verhalten als ein durch Anreize bestimmtes Verhalten beschrieben wird. Dies kann getestet werden, indem man beobachtet, wie eine Person auf sich ändernde Anreize reagiert. Dadurch werden die Determinanten der Nutzenfunktion bestimmt. Die Hypothese lautet, daß Personen sich rational (nutzenmaximierend) verhalten, d.h. jede Möglichkeit der Verbesserung systematisch nutzen und Verschlechterungen möglichst meiden. Der empirische Befund zeigt jedoch zahlreiche Anomalien: das tatsächliche Verhalten weicht von dem erwarteten (nutzenmaximalen) Verhalten ab. Zwei Strategien sind als Antwort auf die Anomalien denkbar. Erstens könnte man die Annahmen über die Präferenzordnung der beobachteten Person revidieren und ihr eine Präferenzordnung unterstellen, unter deren Annahme die Handlung rational erscheint. Dies ist jedoch eine Immunisierungsstrategie und führt zur erwähnten "Tautologisierung". Zweitens aber kann man versuchen, weitere Determinanten des Verhaltens zu bestimmen. Die Individuen reagieren nämlich nicht gemäß den objektiven Anreizen, sondern gemäß ihrer Erwartungen. Die Erwartungen der Individuen sind aber durch die Situation einerseits, und bestimmte kognitive und affektive Variablen andererseits, bestimmt.[43] Psychologische Forschung kann hier wichtige Ergänzungen liefern, die den empirischen Gehalt und die Prognosefähigkeit ökonomischer Theorien verbessern.[44] Systematisches "Fehlverhalten" (so werden etwa

---

[43] Frey, D./Gülker (1988) 169.

[44] Vgl. Wiswede (1988).

versunkene Kosten berücksichtigt oder Opportunitätskosten unterschätzt[45]) findet nun zwar Berücksichtigung in Prognosemodellen, ist aber andererseits erklärungsbedürftig. Der auftretende Erklärungsbedarf ist aber, so die verbreitete Meinung, von der Psychologie zu leisten. Das Modell des rationalen Maximierers wird für die Ökonomik beibehalten. Irrationales Verhalten ist durch irrationale Erwartungsbildung zu erklären und betrifft daher nicht die Ökonomik, sondern die Psychologie. Auf diese Weise gelangt man zu dem Schluß:

> "Incorporating psychological principles into economics does not imply a change in the basic orientation."[46]

Im Grundsatz findet sich also ein Verhältnis additiver Interdisziplinarität zwischen Psychologie und Ökonomik.[47]

(ii) Imperialistische Interdisziplinarität: Die Ökonomik ist in den letzten Jahren immer wieder als eine "imperialistische Wissenschaft" bezeichnet worden.[48] Dies geschieht, weil Recht, Staat, Moral und alle gesellschaftlichen Institutionen als traditionelle Gegenstände von Rechts- und Politikwissenschaft und Soziologie seit einigen Jahren systematisch auch mit einem ökonomischen Erklärungsansatz untersucht werden.[49] Die Erklärung von gesellschaftlichen Arrangements, Beziehungen innerhalb von Familien, Gruppenverhalten usf. waren vorher die klassischen Arbeitsgebiete der Soziologie, nunmehr aber konkurrieren soziologische mit ökonomischen Ansätzen, wobei die ökonomischen Ansätze von den soziologischen nichts übernehmen.

Aus der noch wenig ausdifferenzierten Sozialwissenschaft haben sich Ende des neunzehnten Jahrhunderts eine eigenständige Soziologie und Ökonomik entwickelt.[50] Während die Ökonomik, dem Grundsatz des methodologischen

---

45 Frey, B.S./Eichenberger (1989) 424. Dort sind weitere Anomalien genannt.

46 Stroebe/Frey, B.S. (1980) 127.

47 Diese Ansicht wird nicht von allen geteilt. Einige namhafte Ökonomen haben für eine grundlegende Änderung des Maximierungsparadigmas argumentiert. Stroebe/Frey, B.S. (1980) geben einen Überblick. Sie nennen Duesenberry, Katona, Leibenstein, Scitovsky und Simon für eine solche Position.

48 Laut Swedberg (1990) 36 ist der Begriff von R.W. Souter (in seinem Buch "The Expanding Economic Universe") schon 1933 geprägt worden. Vgl. auch Hirshleifer (1985), Radnitzky/Bernholz (eds., 1987), Kirchgässner (1988) und Homann/Suchanek (1989).

49 Vgl. Homann/Suchanek (1989) 70f.

50 Der Beginn der Ökonomik wird normalerweise mit dem Erscheinen von Adam Smiths "An Inquiry into the Nature and Causes of the Wealth of Nations" (1776) identifiziert. Dem soll hier nicht widersprochen werden. Es gibt jedoch gute Gründe, die Trennung von Soziologie und

Individualismus folgend, das wirtschaftliche Geschehen aus den individuellen Handlungen des "homo oeconomicus" zu erklären sucht, geht die soziologische Theorie von der grundsätzlichen Unzulänglichkeit des individualistischen Ansatzes aus und sucht nach Erklärungen, die in der sozialen Funktion des Geschehens liegen.[51] Die unterschiedlichen Erklärungsansätze von Ökonomik und Soziologie könnte man wie folgt auf den Punkt bringen: Nach der ökonomischen Doktrin wird Verhalten mit dem Postulat der Nutzenmaximierung erklärt; die Soziologie sieht den einzelnen als einen, der eine Rolle von bestimmter Funktion in einer Gesellschaft akzeptiert. Der "homo oeconomicus" ist der rationale Maximierer; der "homo sociologicus" ist der gemäß einer gesellschaftlichen Rolle Handelnde.[52] Neben dieser methodologischen Differenz gibt es aber auch eine Arbeitsteilung der beiden Disziplinen in bezug auf die Gegenstände. Ökonomik versucht das Handeln der einzelnen zu erklären, wobei der institutionelle Rahmen zunächst außerhalb der Betrachtung steht - eine Maximierung unter Nebenbedingungen. Die Soziologie betrachtet genau diesen Rahmen, die Institutionen, und versucht diese durch ihre Funktion in der Gesellschaft zu erklären. Die einzelne Person ist nicht unmittelbarer Gegenstand der Soziologie, sie ist dies nur als Träger einer Rolle. Diese Form der Arbeitsteilung zwischen Ökonomik und Soziologie kann heute als überholt gelten. Die ökonomische Analyse bezieht sich nicht mehr nur auf effizientes Handeln unter bestimmten institutionellen Gegebenheiten, sondern untersucht gerade auch die Effizienz der Institutionen und erklärt deren Entstehen und Bestehen mit ihrer Effizienz. Wenn das normengeleitete (das der Rolle gemäße) Handeln als rational im Sinne des Nutzenmaximierens ausgewiesen werden kann, ist die Ökonomik als imperialistische Wissenschaft erfolgreich. Aber es ist umstritten, ob ihr dies gelingt. Der Einwand gegen die "Imperialisten" lautet, daß ein Normensystem gar nicht in Geltung kommen könnte, wenn alle von Fall zu Fall ihren Nutzen maximieren.[53] Die Rationali-

---

Ökonomik etwa auf das Ende des vorigen Jahrhunderts zu datieren. Zum einen wird die Marginalanalyse zum bevorzugten Instrument der Ökonomen; sie bildet den Kern des ökonomischen Forschungsprogramms. (Marshalls "Principles of Economics", als ein richtungweisendes Lehrbuch, erscheinen 1890.) Der Methodenstreit zwischen Menger und Schmoller kann als Streit um die Etablierung eines neuen ökonomischen Paradigmas interpretiert werden, mit dem die Trennung zur Soziologie vollzogen wird. Zum anderen wird zu dieser Zeit in den Arbeiten Durkheims im Kern das bis heute geltende soziologische Paradigma entwickelt, da dort bereits (wenn auch implizit) der Begriff der Rolle verwendet wird. Vgl. dazu Bohnen (1975) 9ff.

51 Vgl. Bohnen (1975).

52 Dahrendorf (1958) 20.

53 Vanberg (1988) 148.

tätsannahme der Ökonomik sei daher mit normengeleitetem Verhalten unvereinbar und damit die Soziologie nicht auf Ökonomik reduzierbar. Um normengeleitetes Verhalten und die Rationalitätsannahme zusammenzubringen, schlägt Vanberg vor, zwei Ebenen des Handelns zu unterscheiden. Auf einer konstitutionellen Ebene werden optimale Regeln ausgewählt, die auf der zweiten Ebene des "einfachen" Handelns befolgt werden, ohne im Einzelfall die Optimalität der Handlung zu prüfen.[54] Dieser Ansatz kann eher als ein Beispiel für verändernde Interdisziplinarität gelten.

(iii) Verändernde Interdisziplinarität: Einer der zur Zeit innovativsten Zweige der sozialwissenschaftlichen Forschung ist die ökonomische Analyse von Institutionen. Recht, Staat und Familie waren schon genannt worden. Es ist ein Beispiel für imperialistische Ökonomik, diese Institutionen durch ökonomische Bestimmungsgründe zu erklären.[55] Ein anderer Bereich der Forschung, der auch zur Institutionenökonomik zählt, trägt aber Züge der verändernden Interdisziplinarität, d.h. das in der Ökonomik herrschende Paradigma wird nicht einfach übertragen, sondern aus den Elementen zweier Disziplinen entsteht ein neuer Erklärungsansatz. Ich meine hier die Theorien des institutionellen Wandels, die ökonomische und evolutionsbiologische Theorieelemente enthalten. Das Phänomen des institutionellen Wandels stellt eine Anomalie für die (neoklassische) Ökonomik dar und hat eine fruchtbare Forschung stimuliert, die die Anomalie zu überwinden sucht. Die neoklassische Ökonomik, gekennzeichnet durch die Rationalitätsannahme und das Gleichgewichtskonzept, liefert keine Erklärung für die langfristige Entwicklung der Wirtschaft und, so die These evolutionärer Ansätze, sie kann diese Erklärung auch nicht liefern.[56] Gemäß des herrschenden Paradigmas besteht ökonomische Rationalität in der Maximierung des Nutzens und setzt stets eine wohldefinierte Auswahlmenge von Alternativen voraus. Herrscht Unsicherheit, so kann es kein maximierendes

---

[54] Ebd. 154. Die Unterscheidung geht auf Buchanan zurück. Die Nähe zur Unterscheidung zwischen Akt- und Regelutilitarismus ist unübersehbar, auch wenn sie dort in normativem Kontext auftritt.

[55] Dies gilt insbesondere für die Ansätze der "Chicago School", die von starren und (meist) egoistischen Präferenzen ausgehen.

[56] Gleichwohl gibt es auch eine neoklassische Theorie des institutionellen Wandels. Jeder Wandel wird als Anpassung an Änderungen (induced innovation) interpretiert. Ein hervorragendes Beispiel hierfür ist North (1981), der allerdings eine Ergänzug der neoklassischen Theorie verlangt: "Change and stability in history require a theory of ideology to account for these deviations from the individualistic rational calculus of neoclassical theory." North (1981) 12. - Einen Überblick über evolutionäre Ansätze in der Ökonomik geben Clark/Juma (1988).

Verhalten geben.[57] Aber auch das Gleichgewichtskonzept wird obsolet. Während die neoklassische Theorie Änderungen als Anpassungsprozesse in Richtung auf ein langfristiges Optimum begreift, werden sie von evolutionären Ansätzen als Suchverhalten beschrieben. Das Gleichgewichtskonzept wird aufgegeben, da es keine fruchtbare Erklärung mehr liefern kann, wenn Geschwindigkeit und Rate der Änderungen die Geschwindigkeit und Rate möglicher Anpassungen übersteigen.[58] Zur Erklärung von Innovationen, seien sie technischer oder organisatorischer Natur, wird von Nelson und Winter ein Modell entworfen, das auf den Grundbegriffen "Suche" und "Selektion" beruht.[59] Durch Innovationen erfährt die ökonomische Umwelt von Marktteilnehmern ständige Änderungen, denen sie sich anpassen müssen. Um am Markt zu überleben, müssen positive Profite realisiert werden (Selektionskriterium)[60]. Dazu werden erfolgreiche Strategien (routines) imitiert oder es wird nach Innovationen gesucht. In diesem Suchprozeß spielt, nach Schumpeter, der Unternehmer (entrepreneur) eine entscheidende Rolle und ist die treibende Kraft für Innovation und Wachstum. Da der Erfolg einer Strategie erst ex post feststeht, kann der Suchprozeß nicht in einem strengen Sinne geplant werden, ist also zufällig. "[S]tochastic variation and subsequent deterministic selection"[61] bilden eine Analogie zur biologischen Evolutionstheorie und ersetzen als Grundbegriffe (zumindest in der Theorie von Nelson und Winter) die Rationalitätsannahme und das Gleichgewichtskonzept. Die ökonomischen Grundkategorien, die erhalten bleiben, sind Austausch auf dem Markt, Profit und Investition. Für einige Theorien des institutionellen Wandels kann also eine verändernde ökonomisch-biologische Interdisziplinarität diagnostiziert werden. Im "Gegenzug", dies sei am Rande bemerkt, nimmt die Soziobiologie ökonomische Erklärungsmuster auf, wenn das Vorkommen bestimmter Arten mit ihrer optimalen Anpassung an die natürlichen Knappheiten erklärt wird.[62]

---

[57] Vgl. Alchian (1950) 212 und Winter (1964) 262.

[58] Vgl. Nelson/Winter (1975) 469 und Brandes (1990) 30.

[59] Nelson/Winter (1975) 469. Vgl. auch Elster (1983) 139. Elster gibt einen Überblick über verschiedene Theorien technischen Wandels (Part II). Er diskutiert neben den evolutionären Theorien die neoklassischen und die marxistischen Theorien sowie Schumpeters Theorie.

[60] Für das Selektionsargument wird am häufigsten auf Alchian (1950) verwiesen. Penrose (1952) 809ff kritisiert die Verwendung der biologischen Analogie zwischen "Überlebensfähigkeit" und dem "Überleben am Markt".

[61] Elster (1983) 147.

[62] Vgl. Hirshleifer (1977).

Eine Einordnung des interdisziplinären Verhältnisses von Ökonomik (als normativer Disziplin) und Ethik in das von Falkinger vorgeschlagene Schema soll hier nicht versucht werden. Eine solche Einordnung zwingt stets dazu, zu vergröbern und Details zu vernachlässigen. Eine gründlichere Einsicht in die Struktur der ethisch-ökonomischen Interdisziplinarität verlangt zunächst eine Untersuchung der methodologischen Grundlagen beider Disziplinen, was im folgenden geschehen soll. Weitere Einsichten ergeben sich, wenn man die interdisziplinäre Praxis betrachtet. Die Möglichkeit dazu wird durch Teil III. gegeben.

II. Methodologie

Nevertheless, for many economists the very term 'moral science' will seem like a contradiction. We are strongly imbued today with the view that science should be wertfrei *and we believe that science has achieved its triumph precisely because it has escaped the swaddling clothes of moral judgment and has only been able to take off into the vast universe of the 'is' by escaping from the treacherous launching pad of the 'ought'.*

Kenneth Boulding

2. Wissenschaft, Wertfreiheit und Normenbegründung

2.1 Die Wertfreiheit der normativen Wissenschaft

Die Behauptung, die normative Wissenschaft könne wertfrei sein, scheint einen doppelten Selbstwiderspruch zu beinhalten. Zunächst wird Wissenschaft meist als empirische Wissenschaft verstanden, womit ein normatives Element gerade ausgeschlossen werden soll. Spricht man dennoch von "normativer Wissenschaft" (hierin liegt der erste Widerspruch), so enthält, wie wir meinen, eine durch diese Bezeichnung gekennzeichnete Theorie doch stets subjektive Wertungen oder nicht beweisbare, willkürliche Setzungen, also Werturteile. Damit kann eine normative Wissenschaft, dies ist der zweite Widerspruch, niemals wertfrei sein.

Die folgenden methodologischen Betrachtungen sollen darüber Aufschluß geben, was unter einer normativen Wissenschaft verstanden werden kann, was sie leistet und welche Anforderungen plausiblerweise an sie gestellt werden können. Mit "Methodologie" bezeichne ich metatheoretische Betrachtungen, solche also, die sich mit Logik und Geltungskraft von Theorien beschäftigen. Die Methodologie normativer Theorien, und diese stehen hier zur Debatte, muß, wie in 2.2 gezeigt wird, ein der Struktur nach ähnliches Problem behandeln wie die Methodologie der empirischen Wissenschaft, nämlich das Problem der rationalen Theoriewahl. Eine normative Theorie, so hatte ich bisher diesen Begriff gebraucht, soll es ermöglichen, handlungsleitende Vorschriften zu deduzieren. Eine solche Theorie wird im folgenden manchmal auch "präskriptive Theorie" genannt.[1] Es ist nun zu klären, ob solche Theorien als wissenschaftliche Theorien möglich sind und welche Geltungskraft ihnen zukommt. Von besonderem Interesse ist hier die Frage, ob die Wirtschaftswissenschaft einen Beitrag zur Begründung handlungsleitender Vorschriften leisten kann. Darauf gibt es zwei Antworten. Die erste ist trivial. Ohne Kenntnisse über die Welt sind wir nicht zu zielgerichtetem Handeln fähig. Es ist die Aufgabe empirischer Wissenschaft, diese Kenntnisse "herzustellen". Die zweite Antwort auf diese Frage verlangt aber eine ausführlichere methodologische Betrachtung, in der das Verhältnis von Wissenschaft und Werturteil geklärt wird; denn das *richtige* Handeln läßt sich nicht ohne Werturteile, d.h. nicht *allein* aus der Kenntnis der Welt, bestimmen. Die Frage ist nun, ob, wenn dies so ist, die Wissenschaft sich bei der Rechtfertigung präskriptiver Sätze auf die Analyse der Fakten zu beschränken hat. Oder anders gewendet: Gibt es eine normative Wissenschaft, die Entscheidungshilfen für unsere täglichen Handlungen zu geben verspricht? Ich werde mich dieser Frage nähern, indem ich zunächst Max Webers Wert(urteils)freiheitspostulat aufgreife und aufzeige, welche Antwort Weber gibt, dann aber eine Position skizziere, die über Webers Positivismus hinausgeht.

Die weithin akzeptierte Trennung von politisch bestimmten Zielen und ökonomisch bestimmten Mitteln geht auf Max Webers Werturteilsfreiheitspostulat zurück. Weber stellt in seinem programmatischen Aufsatz von 1904 fest:

> "Eine empirische Wissenschaft vermag niemanden zu lehren, was er soll, sondern nur was er kann und - unter Umständen - was er will. (...) Nur unter der Voraussetzung des Glaubens an Werte jedenfalls hat der Versuch Sinn, Werturteile nach außen zu vertreten. *Aber*: die *Geltung* solcher Werte zu

---

[1] Dadurch soll der Gegensatz zu deskriptiven (empirischen) Theorien deutlicher hervorgehoben werden. Außerdem werden "normativ" und "präskriptiv" zwar oft synonym verwendet, es ist aber für viele Belange hilfreich, normative und präskriptive Sätze zu unterscheiden. Normative Aussagensysteme sind axiomatische Systeme, in denen Sätze kraft der Axiome gelten. Die Geltung der Axiome ihrerseits wird vorausgesetzt, nicht behauptet. Präskriptive Sätze beanspruchen ihre Geltung dagegen, weil ihre Obersätze behauptet werden. Man könnte von zwei Arten der Geltung sprechen: hypothetische und behauptete Geltung.

beurteilen, ist Sache des *Glaubens*, (...) sicherlich aber nicht Gegenstand einer Erfahrungswissenschaft (...)."[2]

Die Akzeptanz des Werturteilsfreiheitspostulats hat für die Entwicklung der Sozialwissenschaften außerordentlich fruchtbar gewirkt und gilt als Grundpfeiler wissenschaftlicher Forschung schlechthin. So selbstverständlich und konsequent uns Webers Position heute erscheint, so war sie doch lange Zeit noch heftig umstritten.[3] Die Kritik hob vor allem hervor, daß die Sozialwissenschaft praktische Fragen im Auge habe und deswegen wertende Antworten geben müsse. Das Werturteilsfreiheitspostulat führe zu Ratlosigkeit im Handeln, und daher könne keine Sozialwissenschaft (und also auch nicht die Nationalökonomie) wertfrei sein.[4] Auch heute noch ist die Frage nach der Möglichkeit und Legitimität der normativ-präskriptiven Wissenschaft strittig. Allerdings haben sich in den Auseinandersetzungen die meisten begrifflich-logischen Probleme geklärt, so daß der Methodenstreit heute stärker um die erkenntnistheoretischen Grundpositionen geführt wird.[5] Zur Klärung der begrifflich-logischen Grundlagen des Methodenstreits haben vor allem auch die Arbeiten Alberts beigetragen. Albert unterscheidet zunächst vier Teilprobleme: ein definitorisches, ein logisches, ein methodologisches und ein moralisches.[6] Das definitorische Problem betrifft den Wissenschaftsbegriff. Es gilt, den Sprachgebrauch dafür festzulegen, welche Urteile "wissenschaftliche Urteile" genannt werden dürfen. Das logische Problem ist die Klärung der Bedeutung von Wertaussagen. Von der Lösung dieser beiden Probleme hängt ab, ob und welche Verwendung Werturteile in der Wissenschaft finden können. Dies ist das methodologische Problem. Die Klärung dieser drei ersten Teilprobleme ist hinreichend für die Beantwortung der moralischen Frage, ob ein Wissenschaftler als Wissenschaftler wertend Stellung nehmen darf oder etwa sogar dazu verpflichtet ist.

Zu allen vier von Albert formulierten Teilproblemen hat schon Max Weber seine Position klar formuliert. Unter Wissenschaft versteht er die empirische

---

2 Weber, M. (1904) 151f; Hervorhebungen im Original.

3 Weber, W./Topitsch (1952) geben einen Überblick über den jüngeren Methodenstreit und die daran anschließenden Debatten.

4 Vgl. Weber, W./Topitsch (1952) 168. Vgl. auch Albert (1963) 47.

5 Ohne den historischen Gang der Debatte zu vertiefen, sei angemerkt, daß schon immer erkenntnistheoretische Positionen zur Debatte standen. Während die einen die Unerkennbarkeit objektiver Werte behaupteten (M. Weber und Sombart), gab es andere, die bestimmte Werte als "objektiv gültig" nachweisen zu können glaubten. Vgl. hierzu Weber, W./Topitsch (1952) 173.

6 Albert (1956) 413f.

Erfahrungswissenschaft, die als Erfahrungswissenschaft kein Sollen als objektiv gültig aufweisen kann.[7] Die Bedeutung von Wertaussagen besteht darin, daß sie subjektiv geglaubt werden. Wertaussagen haben keine objektive Bedeutung, allenfalls sind sie Gegenstand "spekulativer Betrachtung"[8]. Aus beidem zusammen ergibt sich die Rolle des Werturteils in der Wissenschaft, nämlich die Auffassung,

> "daß es niemals Aufgabe einer Erfahrungswissenschaft sein kann, bindende Normen und Ideale zu ermitteln, um daraus für die Praxis Rezepte ableiten zu können.
>
> Was folgt aber aus diesem Satze? Keineswegs, daß Werturteile deshalb, weil sie in letzter Instanz auf bestimmten Idealen fußen und daher 'subjektiven' Ursprungs sind, der wissenschaftlichen Diskussion überhaupt *entzogen* seien. (...) Die Kritik macht vor den Werturteilen nicht halt."[9]

Den Zweck der Kritik der Werturteile beschreibt Weber als "technische Kritik"[10], die

> "dem Handelnden die Möglichkeit der Abwägung dieser ungewollten gegen die gewollten Folgen seines Handelns [bietet] und damit die Antwort auf die Frage: was '*kostet*' die Erreichung des gewollten Zweckes in Gestalt der voraussichtlich eintretenden Verletzung *anderer* Werte?"[11]

Webers Ergebnis und Antwort auf die moralische Frage lautet dann:

> "Aber der Professor sollte nicht den Anspruch erheben *als Professor* den Marschallstab des Staatsmanns (oder des Kulturreformers) im Tornister zu tragen, wie er tut, wenn er die Sturmfreiheit des Katheders für staatsmännische (oder kulturpolitische) Sentiments benutzt. In der Presse, in Versammlungen, Vereinen, Essays, in jeder jedem anderen Staatsbürger zugänglichen Form mag (und: soll) er tun, was sein Gott oder Dämon ihn heißt."[12]

Um zusammenzufassen: Das Werturteilsfreiheitspostulat behauptet nicht, daß Werturteile eine Kategorie von Sätzen darstellen, die in keinem Bezug zur

---

7 Weber, M. (1904) 149.

8 Ebd. 152. Unter der Bedeutung einer Aussage sind hier ihre Wahrheitsbedingungen zu verstehen. Die Bedeutung von "Das Gras ist grün" ist die Tatsache, daß das Gras grün ist. Die Tatsache, das Bestehen des Sachverhalts, ist die Bedingung der Wahrheit des Satzes.

9 Weber, M. (1904) 149; Hervorhebung im Original.

10 Ebd. 150.

11 Ebd.; Hervorhebungen im Original.

12 Weber, M. (1917) 479.

Wissenschaft stehen. Vielmehr beschäftigt sich die Wissenschaft auch mit der logischen Analyse von Wertaussagen. Die Werturteile, die bei der Auswahl der Fragestellungen unvermeidlich vorkommen, sind für die Wissenschaftlichkeit der Antworten unschädlich.[13] Daneben, darauf weist Albert hin, beinhaltet das Werturteilsfreiheitsprinzip selbst eine Wertung, die aber nicht die Objektebene, sondern die Metaebene betrifft.[14] Das Werturteilsfreiheitspostulat bezieht sich auf die Gegenstände, die ein Wissenschaftler untersucht; über sie dürfen nur Aussagen gemacht werden, in die, weder offen noch verdeckt, Werturteile einfließen.

Im Grundsatz war mit Webers Aufsatz von 1904, also bereits vor den programmatischen Schriften des Wiener Kreises, für die Sozialwissenschaften ein logisch-empiristisches Programm formuliert. Die Wissenschaftsauffassung des logischen Empirismus hat in der Folge dazu geführt, daß die Ethik in ihrer traditionellen Form unter den Wissenschaften keinen Platz mehr hatte und vorwiegend als Metaethik betrieben wurde. Die Metaethik beschäftigt sich mit der Logik und Semantik von Normen, vermeidet aber den Versuch einer Rechtfertigung von Normen. Die eigentliche Frage der Ethik, die Frage nach dem richtigen Handeln, bleibt also offen. "Die Wahl zu treffen ist seine [des wollenden Menschen] Sache"[15], wie Max Weber lapidar bemerkt.

In welchem Sinn ist nun handlungsleitende Wissenschaft möglich? Zunächst werden den einzelnen Handelnden die Folgen und Nebenfolgen der möglichen Handlungen aufgezeigt. Dies ist der Bereich der empirischen (positiven) Wissenschaft. Normative Wissenschaft kann darin bestehen, das Zielsystem einer einzelnen handelnden Person auf Konsistenz zu prüfen und gegebenenfalls zu verändern. Hierbei wird aber vorausgesetzt, daß jedes konsistente Zielsystem mit der gleichen Berechtigung angenommen werden kann. Für jedes konsistente Zielsystem kann die Ökonomik bei gegebener Ausgangssituation die beste Handlung ermitteln. Die aus der Werturteilsfreiheitsthese entwickelte Auffassung von Ökonomik führt konsequent in ein Anwendungsmodell: Die Ökonomik zeigt die Folgen von alternativen Handlungsmöglichkeiten auf und bestimmt die Auswahl der besten Handlungen gemäß einem außerökonomisch bestimmten Ziel(system). Die Bestimmung der

---

[13] Ebd. 485. Albert (1963) 44.

[14] Albert (1963) 40.

[15] Weber, M. (1904) 150. Vgl. auch Weber, M. (1919) 585f. Für einen kritischen Kommentar hierzu vgl. Strauss (1953) 37ff.

Ziele ist völlig von der Wissenschaft losgelöst.[16] Gerade dies ist nun der Ansatzpunkt einer häufig vorgetragenen Kritik, die die Abdankung der "praktischen Vernunft" und ihren Ersatz durch "instrumentelle Vernunft" beklagt.[17] Die reduzierte, instrumentell-ökonomische Rationalität verlangt gewissermaßen nach einer Bestimmung der Zwecke, und dies ist Aufgabe der Ethik. Damit wäre dann das hierarchische Verhältnis von Ethik und Ökonomik (das Anwendungsmodell) fest etabliert. Handlungsanweisungen werden nach dem Schema des praktischen Syllogismus (Tafel 2) hergeleitet.

	Prämissen	**Folgerung**
1.	Ziele (präskriptive Sätze) "Z soll sein"	aus 1. und 2. Handlungsanweisung "H soll getan werden"
2.	empirische Sachverhalte (deskriptive Sätze) "H führt zu Z"	

TAFEL 2: Praktischer Syllogismus

Vorn war das Anwendungsmodell zur Auflösung der Gegensatzthese vorgestellt worden.[18] Es räumt der Ethik überall dort einen Vorrang ein, wo ethische und ökonomische Präskriptionen (Normen) sich widersprechen. Mit dem Werturteilsfreiheitspostulat gelangt man zu einem Anwendungsmodell ethisch-ökonomischer Interdisziplinarität, das aber hier nicht als Antwort auf die Gegensatzthese zu verstehen ist, da die Ökonomik keinen Anspruch erhebt, Normen zu entwickeln, also objektiv gültige Handlungsanweisungen zu geben. Ökonomische Vorschriften sind stets Vorschriften, die nur mit Bezug auf Zwecke gelten.[19] Die Zwecke ihrerseits sind keiner wissenschaftlichen Rechtfertigung zugänglich. In diesem Modell gibt es keinen Platz für eine wissen-

[16] In den Lehrveranstaltungen zur Wirtschaftspolitik wird in bezug auf die Bestimmung der Ziele immer darauf verwiesen, daß hier die Wissenschaft zu Ende und eine politische Entscheidung zu treffen sei. Vgl. auch Blaug (1980) 149f.

[17] Vgl. Lübbe (1979) 184, der sich auf Horkheimer bezieht.

[18] Vgl. Kap. 1.2 d), S.9ff.

[19] Vorschriften dieses Typs nennt Kant hypothetische Imperative und setzt sie in Gegensatz zu kategorischen Imperativen, die ohne einen (willkürlichen) Zweckbezug gelten. Dies ist eine dem Anwendungsmodell analoge Einteilung.

schaftliche Ethik und damit auch keinen Platz für als richtig erkannte Handlungen.

Gerade hierin liegt aber der Anreiz, nach einer Überwindung des Anwendungsmodells zu suchen. Wie bereits erwähnt, hat das Anwendungsmodell zur Voraussetzung, daß der Bereich der Ethik vom Bereich der Ökonomik abgegrenzt werden kann. Die Interdependenz von Zielen und Mitteln, die sich im Opportunitätskostenprinzip ausdrückt, scheint dem zu widerstreiten. Dieser Einwand gegen das Anwendungsmodell soll nun etwas näher betrachtet werden. Er kann nämlich, so scheint es, entkräftet werden, wenn nicht mehr von einzelnen Zielen und den Mitteln zu deren Erreichung gesprochen wird, sondern von einem Zielsystem. Wenn z.B. Geldwertstabilität und Beschäftigung in einer Volkswirtschaft konkurrierende Ziele sind, so heißt dies, daß das eine zur Erreichung des anderen als Mittel eingesetzt werden kann. Eine klare Unterscheidung von Zielen und Mitteln ist nicht gegeben, aber es kann ein Zielsystem gefunden werden, das dieser Problematik Rechnung trägt. Der Zusammenhang zwischen zwei Wirtschaftspolitischen Zielen A und B kann durch eine Transformationskurve **T** beschrieben werden, das Zielsystem durch eine Indifferenzkurve **I**.

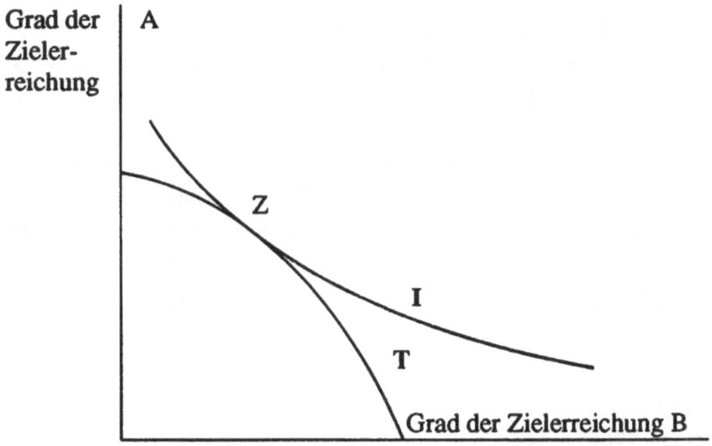

TAFEL 3: Konkurrenz (wirtschafts)politischer Ziele

Die Ökonomik bestimmt nach Maßgabe von **I** und **T** den Punkt Z als *optimal*, was, unter Geltung von **I**, als Vorschrift gelten kann. Zwischen positiver Ökonomik, die **T** bestimmt, und der (politischen) Entscheidung, die **I** bestimmt, bleibt für die normative Ökonomik nur, den Punkt zu ermitteln, in dem die Grenzraten gleich sind. Die Ziel-Mittel-Dichotomie entfällt zwar, aber das Anwendungsmodell genügt doch, die geschilderte Entscheidungssituation zu rekonstruieren. Diese Betrachtung macht nun jedoch zweierlei deutlich. Einmal läßt das Anwendungsmodell keinen Raum für eine fruchtbare normative Ökonomik, die versucht, den Bereich des Zielsystems mit zu erfassen. Andererseits aber fließen bei der Formulierung des Zielsystems stets ökonomische Überlegungen mit ein; denn schließlich ist die Indifferenzkurve, die das Zielsystem repräsentiert, das Ergebnis eines Marginalkalküls. Es bleibt also festzuhalten, daß die Anerkennung des Opportunitätskostenprinzips dazu führt, daß ökonomische Überlegungen für Bildung, Bestimmung und Formulierung von Zielen unverzichtbar sind. Und dies ist mit dem Anwendungsmodell unvereinbar und schließt darüber hinaus auch die Gegensatzthese aus.[20] Die Ethik kann nicht auf ökonomische Methoden verzichten, will sie ein System von Zielen oder Normen formulieren. Eine, von der Frage nach den Mitteln isolierte, Betrachtung der Frage nach der Festsetzung von Normen bzw. Zielen ist unmöglich, ja, es scheint nicht einmal sinnvoll, diese Fragen als zwei verschiedene zu begreifen.

Es sind jetzt Argumente vorgetragen worden, nach denen Anwendungsmodell und Gegensatzthese, und damit die traditionelle Auffassung von ethisch-ökonomischer Interdisziplinarität, aufgegeben werden müssen. Wie steht es nun mit dem Werturteilsfreiheitspostulat? Wenn das Anwendungsmodell, das aus dem Werturteilsfreiheitspostulat folgt, aufgegeben wird, muß, dies erfordert die Logik, auch das Werturteilsfreiheitspostulat aufgegeben oder zumindest abgeschwächt werden. In Verbindung mit dem Werturteilsfreiheitspostulat waren Ziele, als "außerwissenschaftlich bestimmte Werturteile", charakterisiert worden. Sind aber ökonomische Überlegungen bei der Zielformulierung unabdingbar, dann gibt es zwei mögliche Strategien, einen Widerspruch zu vermeiden. Entweder müssen die ökonomischen Überlegungen, die bei der Zielformulierung eine Rolle spielen, als "außerwissenschaftlich" charakterisiert werden, oder die Ziele sind *nicht* außerwissenschaftlich bestimmt, sind also keine reinen Werturteile. Die erste Variante könnte als eine "Immunisierungsstrategie" bezüglich des Anwendungsmodells bezeichnet werden. Die Bestimmung von Zielen wird *per definitionem* aus dem Bereich der Wissenschaft ausgeschlossen. Die zweite Variante ist der Versuch, den dem

---

20 Auch die These vom Gegensatz zwischen Ethik und Ökonomik beinhaltet, daß ethische Normen unabhängig von ökonomischen Überlegungen bestimmt werden.

Werturteilsfreiheitspostulat unterliegenden Wissenschaftsbegriff abzuschwächen und eine normative/präskriptive Wissenschaft zu etablieren, also den Bereich der Wissenschaft über den Bereich reiner Erfahrung hinaus auszudehnen. Aus diesem Ansatz kann ein alternatives, verbessertes Modell von Interdisziplinarität entwickelt werden, ein Beitragsmodell, das in zweierlei Hinsicht adäquater erscheint als das Anwendungsmodell. Zum ersten wird die Rolle der normativen Ökonomik für die Gestaltung von Zielen/Normen anerkannt. Zweitens wird der Versuch, Normen zu begründen, nicht von vornherein aus dem Bereich der Wissenschaften ausgeschlossen. Damit wird der allenthalben vorgetragenen Forderung Rechnung getragen, die disziplinäre Trennung von Ethik und Ökonomik zu überwinden und zu klären "wie moderne Wirtschaftswissenschaft *praktisch* sein könne".[21] Oder, um es noch einmal anders zu sagen: Ein Beitragsmodell ermöglicht allererst, die Legitimität der normativen Ökonomik als praktische Wissenschaft aufzuweisen und ihr Verhältnis zur Ethik zu klären. Dies soll im folgenden geschehen.

Speziell für die Wohlfahrtsökonomik möchte ich nun also zeigen, daß sie als *normative Wissenschaft* aufzufassen ist.[22] Alle Versuche, sie entweder als positive Wissenschaft oder gar nicht als Wissenschaft zu verstehen, werden der Wohlfahrtsökonomik nicht gerecht.

Eine Interpretation, die versucht, die Wohlfahrtsökonomik als positive Wissenschaft aufzufassen, ist von Archibald ausgearbeitet worden.[23] Danach nimmt die Wohlfahrtsökonomik die Ziele der Individuen als gegeben an. Das Paretooptimum ist ein (effizienter) Zustand, der dadurch gekennzeichnet ist, daß kein Individuum besser gestellt werden kann, ohne daß ein anderes schlechter gestellt wird. "Besser" und "schlechter" beziehen sich auf die Präferenzordnungen der Individuen und werden deskriptiv verwendet. Jeder präskriptive oder wertende Anspruch der Wohlfahrtsökonomik wird zurückgewiesen. In dieser Interpretation wird auch den Begriffen "Wohlfahrt" und "Effizienz" jede wertende Bedeutung entzogen. Weder wird gesagt, daß eine

---

[21] Ulrich (1987) 126; meine Hervorhebung. Vgl. auch Hamlin (1986), Sen (1987) und Ulrich (1986).

[22] Man könnte die normative Ökonomik in zwei Bereiche einteilen, von denen ich nur den einen betrachte. Für den Fall, daß die Folgen von Handlungen nur die handelnde Person selbst betreffen, ist das Problem, Handlungsanweisungen zu geben, ein Problem der *Entscheidungslogik*. Für den Fall, daß andere betroffen sind, handelt es sich um ein Problem der *Wohlfahrtsökonomik*. Ein kurzer historischer Überblick über die Diskussion zu Methodologie und Status der Wohlfahrtsökonomik findet sich bei Blaug (1980) 140-143 und Hammond (1985) 406-409.

[23] Archibald (1959). Für eine Kritik daran vgl. Blaug (1980) 143ff.

höhere Wohlfahrt für die einzelnen *besser* ist, noch daß eine effiziente Allokation erreicht werden *soll*. Im normalen Sprachgebrauch haben solche Begriffe aber eine wertende Bedeutung. Daher plädiert z.B. Albert dafür, ein "neutraler klingendes" Vokabular zu benutzen.[24] Logisch ist gegen eine solche Position nichts einzuwenden, aber sie wird Ziel und Anspruch wohlfahrtsökonomischer Forschung nicht gerecht. Statt eine positive Umdeutung der Wohlfahrtsökonomik vorzunehmen, geht es vielmehr darum, den normativen Gehalt etwa des Paretokriteriums freizulegen. Erst dadurch wird es einer kritischen Diskussion zugänglich gemacht.

Neben dem Versuch, die Wohlfahrtsökonomik zu einer positiven Wissenschaft zu erklären, gibt es den Versuch, sie aus der Wissenschaft auszugrenzen. Dagegen wäre nichts einzuwenden, wenn es sich nur um eine Frage der Terminologie handelte. Jedoch geht von den Wissenschaften eine besondere Autorität aus. Sie sind es schließlich, die Erkenntnisse sichern und Wahrheit feststellen. Insofern ist schon in J.St. Mills Einteilung der Ökonomik in "science" und "art"[25] ein Verlust an Bedeutung für die normative Ökonomik angelegt. Mit wachsendem Einfluß des logisch-empiristischen Wissenschaftsprogramms ist die Legitimität der normativen Ökonomik immer stärker bestritten worden: Normative Sätze sind nicht verifizierbar (oder falsifizierbar) und deswegen Werturteile und deswegen keine Sätze der Wissenschaft. Zu dieser Position lassen sich zwei Einwände formulieren. 1. Nicht alle nicht-verifizierbaren (oder nicht-falsifizierbaren) Sätze sind Werturteile.[26] Jede Theorie enthält einige nicht beweisbare grundlegende Sätze, die den Kern des Forschungsprogramms ausmachen.[27] 2. Fundamentale, nicht zu testende Annahmen im Kern einer Theorie machen die Theorie nicht "unwissenschaftlich".[28] Verifizierbarkeit (und auch Falsifizierbarkeit) ist als Kriterium für die Wissenschaftlichkeit von Sätzen oder Theorien unzureichend, wie von Kuhn und Lakatos gezeigt worden ist. Wissenschaft besteht vielmehr in der Suche nach Problemlösungen.[29]

---

[24] Albert (1963) 47 in der Anmerkung 26.

[25] Vgl. Blaug (1980) 140f.

[26] Klappholz (1964) 105.

[27] Blaug (1980) 137, der sich dabei auf Lakatos' "Methodologie wissenschaftlicher Forschungsprogramme" bezieht.

[28] Vgl. dazu etwa Hammond (1985) 409.

[29] Diese Position wird im Anschluß an Kuhn (1962) und Lakatos (1978) von Laudan (1977) vertreten. "Puzzle-solving" (Kuhn (1962) 49) wird als das charakteristische Element wissenschaftlicher Tätigkeit begriffen. Der Begriff "Wahrheit" wird aufgegeben, weil er einen überzogenen, nicht einlösbaren Anspruch beinhaltet.

Wohlfahrtsökonomik ist in genau diesem Sinne eine Wissenschaft. Im Unterschied zur positiven Ökonomik hat sie aber Probleme des Handelns und nicht der Erkenntnis zu ihrem Gegenstand. Die unbewiesenen Annahmen im Kern des wohlfahrtsökonomischen Forschungsprogramms sind daher teilweise ethischer Natur, weshalb Little die Wohlfahrtsökonomik als einen Zweig der Ethik bezeichnet.[30] Zu den Annahmen mit ethischem Gehalt gehört etwa das Paretoprinzip, aber auch die Annahme der interpersonellen Vergleichbarkeit der Nutzen.

Ein Fazit hieraus könnte lauten: Normative Wissenschaft ist möglich, und ethische *und* ökonomische Überlegungen sind für handlungsleitende Vorschriften unerläßlich. Ethik und Ökonomik sind nicht prinzipiell voneinander unterschieden und verfolgen im Grundsatz den gleichen Zweck, Normen vorzuschlagen, die die Lebensverhältnisse der einzelnen verbessern helfen.

2.2 Der "naturalistische Fehlschluß"

Der im Anschluß an Kuhn und Lakatos etablierte Wissenschaftsbegriff erlaubt zweifellos eine normative Wissenschaft. Die Unterscheidung zwischen Fakten und Werten ist dadurch aber in keiner Weise aufgehoben. Hieraus ergibt sich die Notwendigkeit, eine eigene Methodologie der normativen Wissenschaft zu entwerfen. Es wird also etwas zur Logik und Geltungskraft normativer Theorien zu sagen sein. Im folgenden wird eine Kritik der traditionellen Methodologie der normativen Wissenschaft vorgetragen und ein Gegenmodell entwickelt.

Das Schema des praktischen Syllogismus (Tafel 2) ist das traditionelle (und herrschende) Grundschema der Logik normativer Wissenschaft. Handlungen werden gerechtfertigt, indem, in einem ersten Schritt, auf die Prämissen, Ziele und Sachverhalte verwiesen wird. Beim zweiten Schritt, der Rechtfertigung der Prämissen, ist die Unterscheidung von Tatsachen und Werten von zentraler Bedeutung.[31] Die Rechtfertigung von Tatsachenaussagen gilt als unproblematisch, die von Wertaussagen als unmöglich. Normative Wissenschaft rechtfer-

---

30 Little (1950) 8. Darüberhinaus bezeichnet er den Utilitarismus als eine wissenschaftliche Ethik.

31 Dieser Unterscheidung sind die Unterscheidungen "Beschreibung - Bewertung", "positiv - normativ", "Erklärung - Rechtfertigung" und "Ursachen - Gründe" analog.

tigt Handlungen nur hypothetisch, d.h. nach Maßgabe der Geltung der normativen Prämissen.[32]

Die Gegenposition, die hier entwickelt werden soll, ist eine naturalistische Ethik. Die These lautet, daß Werte und Fakten nicht, wie traditionell behauptet wird, von unterschiedlicher Art sind. Es gibt keinen grundlegenden Unterschied zwischen präskriptiven und deskriptiven Sätzen, zumindest nicht in Bezug auf die Art und Weise ihrer Rechtfertigung. Oder, um es zuzuspitzen: Präskriptionen ergeben sich aus "objektiven" Fakten. Diese naturalistische Position ist einem schwerwiegenden Vorwurf ausgesetzt. David Hume stellt im dritten Buch seines "Treatise" fest:

> "In every system of morality, which I have hitherto met with, I have always remark'd, that the author proceeds for some time in the ordinary way of reasoning, and establishes the being of a God, or makes observations concerning human affairs; when of a sudden I am surpriz'd to find, that instead of the usual copulations of propositions, *is*, and *is not*, I meet with no proposition that is not connected with an *ought*, or an *ought not*. (...) a reason should be given, for what seems altogether inconceivable, how this new relation can be a deduction from others, which are entirely different from it"[33]

Der von Hume beobachtete logisch unzulässige Übergang von "Sein" zu "Sollen" wird heute meist als "naturalistic fallacy" bezeichnet. Dieser Ausdruck wurde von G.E. Moore eingeführt, der damit aber nicht, wie oft behauptet wurde, den bei Hume erwähnten logischen Fehlschluß bezeichnet.[34] Frankena diskutiert in einem berühmt gewordenen Aufsatz die Verwirrung um die *naturalistic fallacy*.[35] Er differenziert in seiner Analyse zwischen zwei Problemen. Das erste, das die logische Struktur moralischer Argumentation betrifft, ist das bereits von Hume angesprochene. Das zweite betrifft die Möglichkeit einer Definition des Guten. Zur Erläuterung gibt er das folgende Beispiel:

> "(a) Pleasure is sought by all men.
> (b) What is sought by all men is good. (by definition)
> (c) Therefore, pleasure is good."[36]

---

32 Die Versuche, die Erkennbarkeit von Wertaussagen nachzuweisen, wie etwa Schelers "materiale Wertethik", werden heute praktisch nicht mehr diskutiert.

33 Hume (1739/40) 469.

34 Moore (1903). Vgl. Biesenbach (1982) 23.

35 Frankena (1939).

36 Ebd. 469.

Der logische Schluß ist hierbei vollkommen korrekt, trotzdem liegt eine Moore'sche *naturalistic fallacy* vor, die in der Unzulässigkeit der Definition (b) besteht. Moore behauptet "gut" sei eine undefinierbare Eigenschaft.[37] Was gut ist, könne nur durch Intuition erkannt werden. Der Fehler, den Moore feststellt, besteht nicht darin, daß das ethische "gut" durch objektive oder nicht-ethische Eigenschaften definiert wird, sondern daß es überhaupt definiert wird.[38] Aber ob dieser "Fehler" ein Fehler ist, kann bestritten werden. Es genügt nicht, schlicht zu behaupten, "gut" sei undefinierbar.[39] Kein Begriff ist undefinierbar - die Frage ist, ob eine Definition zweckmäßig ist. Über die Zweckmäßigkeit einer Definition kann nur dadurch entschieden werden, daß man konkurrierende Auffassungen vergleicht und zwischen ihnen eine Entscheidung trifft. Moores Intuitionismus schließt jedenfalls eine Theorie des Guten aus und bietet damit keine Hilfe für eine Entscheidung zwischen sich widersprecheneden Präskriptionen - eine Hauptaufgabe ethischer Theorie.

Die grundlegendste Schwierigkeit einer naturalistischen Ethik ist die Rechtfertigung ihrer normativen Prämissen mit dem Hinweis auf Fakten, das Sein-Sollen Problem. Die von Hume beobachteten Fehlschlüsse haben oft die folgende Struktur:

(a) Handlung H führt zu Nutzenverlusten/Schäden.

(b) H soll nicht getan werden.

(a) ist die Beschreibung eines Sachverhalts. (b) ist eine Vorschrift. Der Fehlschluß wird aber vermieden wenn eine zusätzliche Prämisse (a*) eingeführt wird.

(a*) Nutzenverluste/Schäden sollen vermieden werden.

Wer das Argument "(a) also (b)" vorbringt, benutzt diese Prämisse implizit. In den Fällen, in denen (a*) unstrittig ist, ist auch die Folgerung unstrittig. Wie kann aber in den anderen Fällen die normative Prämisse (a*) gerechtfertigt werden? Zur Beantwortung dieser Frage sind einige wissenschaftstheoretische und sprachphilosophische Reflexionen notwendig, die den logisch-semantischen Status der Prämisse (a*) betreffen. John Searle hat durch ein Gegenbeispiel die Unmöglichkeit des Sein-Sollen Schlusses in Frage gestellt.

---

[37] Moore (1903) 10ff.

[38] Frankena (1939) 471; vgl. Biesenbach (1982) 38ff.

[39] Frankena (1939) 464 spricht von einem "ingenious trick (...) of labeling their opponents' views 'fallacies'".

> "(1) Jones uttered the words 'I hereby promise to pay you, Smith, five dollars'.
> (2) Jones promised to pay Smith five dollars.
> (3) Jones placed himself under (undertook) an obligation to pay Smith five dollars.
> (4) Jones is under an obligation to pay Smith five dollars.
> (5) Jones ought to pay Smith five dollars."[40]

Während (1) eine bloße Beschreibung ist, ist (5) eine Vorschrift, und dies, wie Searle zeigt, ohne daß eine ethische Prämisse für die Übergänge zwischen den einzelnen Sätzen verwendet wird. Bezüglich der Schlußfolgerung aus diesem Beispiel ist Searle sehr zurückhaltend.

> "The inclination to accept a rigid distinction between 'is' and 'ought' (...) rests on a certain picture of the way words relate to the world. It is a very attractive picture, so attractive (to me at last) that it is not entirely clear to what extend the mere presentation of counterexamples can challenge it."[41]

Searle räumt den Wertausdrücken in der Sprache eine besondere Rolle ein. Sie drücken die Gefühle und Einstellungen einer Person aus,[42] d.h. es wird kein wirklicher Übergang von *Sein* zu *Sollen* vollzogen, sondern vermeintliche Tatsachen sind als versteckte Wertungen oder vermeintliche Wertungen als versteckte Tatsachen aufzufassen.[43] Aus dem hier aufgeworfenen Problem gewinnt man die Einsicht, daß Tatsachenbeschreibungen eine ethische Komponente enthalten können, wenn es sich um Tatsachen institutioneller Natur handelt. Searle unterscheidet, als eine Konsequenz aus dem vorgetragenen Beispiel, "brute facts" und "institutional facts".[44] Wenn der institutionelle Rahmen einer Handlung konstitutiv für die Handlung ist, kann die Handlung nur zusammen mit dem institutionellen Rahmen adäquat beschrieben werden. Z.B. ist in der Beschreibung der Handlung, daß Jones Smith fünf Dollar gibt, durch den Satz "Jones gibt Smith fünf Dollar" die Institution des Geldes implizit mitgedacht. Ohne dies wäre es gar keine verständliche Beschreibung der Handlung. Ebenso beinhaltet ein Versprechen eine Verpflichtung. Der Charakter der Verpflichtung liegt in der Institution des Versprechens, ja, ist dafür konstitutiv. Ob man ein Versprechen halten soll, ist keine Frage der Ethik,

---

[40] Searle (1964) 44.

[41] Ebd. 52.

[42] Ebd. 53.

[43] Ebd. 54. Vgl. auch Black (1964).

[44] Searle (1964) 55.

sondern eine der institutionellen Fakten. Eine ethische Frage wäre, ob es die Institution des Versprechens überhaupt geben soll.[45]

Die radikalere Variante zu Searles Überlegungen ist die Theorie des Emotivismus, die Charles Stevenson in seinem Buch "Ethics and Language" entwickelt hat. Zur Rechtfertigung präskriptiver Sätze, wie "Jones soll H tun", muß man über eine Theorie der Bedeutung moralischer Ausdrücke (hier das "soll") verfügen. Wenn man davon ausgeht, daß sich die Bedeutung von Ausdrücken aus ihrer Verwendung in der Sprache ergibt,[46] so gelangt man zu Stevensons Auffassung, daß mit moralischen Ausdrücken Gefühle (emotions) und Einstellungen (attitudes) bezeichnet werden. Stevenson gibt einige Beispiele für die Bedeutung moralischer Ausdrücke, die er als "instructive approximations" bezeichnet.

> "(1) 'This is wrong' means *I disapprove of this; do so as well.*
> (2) 'He ought to do this' means *I disapprove of his leaving this undone; do so as well.*
> (3) 'This is good' means *I approve of this; do so as well.*"[47]

Wer einen moralischen Ausdruck gebraucht, äußert persönliche Einstellungen, Wünsche und Aufforderungen.

Die Klärung der Bedeutung der moralischen Ausdrücke ersetzt natürlich nicht ihre Rechtfertigung. Mit Recht könnte darauf hingewiesen werden, daß aus einer üblichen Praxis des Gebrauchs von "gut" oder "sollen" nicht abgeleitet werden kann, was gut ist oder getan werden soll. Aber durch Searles und Stevensons Überlegungen wird eine Möglichkeit eröffnet, eine Rechtfertigung für normative Sätze zu geben. Man kann zunächst das folgende Fazit ziehen: "Sollen" verweist auf Verpflichtungen, die aus institutionellen Arrangements stammen, oder drückt einfach eine Aufforderung aus, die auf individuellen Überzeugungen beruht. In beiden Fällen wird die Bedeutung des "sollen" durch Fakten (institutionelle oder psychologische) erklärt. Damit ist eine empiristische Position formuliert, die (moralische) Werte aus den Bewertungen der Individuen zu gewinnen sucht. Die individuellen Bewertungen selbst sind

---

[45] Ebd. 50f. Ähnlich bei Black (1964) 175 und Nielsen (1960) 751.

[46] Diese Auffassung, die an Quine und Wittgenstein anschließt, wird in den meisten neueren Bedeutungstheorien vertreten.

[47] Stevenson (1944) 21.

Fakten. Im praktischen Syllogismus wird das *Sollen* letztlich aus einem *Wollen* abgeleitet.[48]

(*) Wenn Person P x will und H zu x führt, dann soll P H tun.

Der praktische Syllogismus (*) ist ein einfaches Gebot der Vernunft, und drückt unser Verständnis von "wollen" und "sollen" aus. Wer den praktischen Syllogismus nicht akzeptiert, ist entweder irrational oder aber versteht die verwendeten Ausdrücke nicht. Der praktische Syllogismus ist ein fundamentaler Zusammenhang, hinter den man ebensowenig zurückfragen kann wie hinter elementare logische Regeln. Sie sind nicht eigentlich begründbar, sondern der Ausdruck einer gemeinsamen Praxis, die die Voraussetzung bildet, auf der all unser Handeln und Sprechen beruht.[49] Dies heißt nicht, daß das *Wollen* als Grundlage aller Werte nicht seinerseits gesellschaftlich bestimmt wäre. Der Punkt, um den es hier geht, ist aber, daß moralische Pflichten ihren Ursprung in den Interessen, Wünschen, d.h. den Präferenzen der Individuen haben. In der Formulierung (*) fehlt allerdings noch das spezifisch moralische, das darin besteht, daß andere als P selbst von ihrer Handlung betroffen sind. Sofern die Handlung nur Folgen für P selbst hat, genügt "einfache" Rationalität, um die richtige Handlung zu bestimmen. Wenn aber andere betroffen sind und P von den Handlungen anderer betroffen ist, kann die richtige Handlung nicht so leicht bestimmt werden, und eben dies ist die Aufgabe der praktischen Philosophie. Es geht darum, in interdependenten Handlungszusammenhängen und bei Interessenkonflikten optimale Handlungen im Hinblick auf die Präferenzen der einzelnen zu ermitteln.[50] Normen erfüllen in diesem Zusammenhang zwei Funktionen. Sie geben den einzelnen eine Handlungsorientierung und, was noch bedeutsamer ist, stabilisieren die Erwartungen darüber, wie die anderen sich verhalten. Erst dadurch wird systematisches Handeln möglich. Entsprechend ergeben sich zwei Ebenen der moralischen Reflexion. Zum einen ist die richtige *Einzelhandlung* unter gegebenen Erwartungen bezüglich des

---

48 Vgl. Biesenbach (1982) 50ff, Bunge (1989) 71f, Homann (1988a) 108 und Tugendhat (1984) 59ff.

49 Vgl. dazu Wittgenstein (1953) besonders die §§ 185f und 199ff.

50 Dabei ist zunächst noch nicht einmal klar, was "optimal" oder auch nur "besser als" bedeutet. Für ein Individuum ergibt sich dies aus der Präferenzordnung. Bei Interessenkonflikten sind interpersonelle Vergleiche notwendig, für die man zunächst keinen Maßstab hat. Man beachte den grundsätzlichen Unterschied zwischen einer individuellen Indifferenzkurve und der in Tafel 3 (S.31) eingetragenen kollektiven Indifferenzkurve. Letztere unterstellt ein Optimalitätskriterium für das Kollektiv.

Verhaltens anderer zu bestimmen, zweitens das *Normensystem*, von dem das Verhalten der anderen (und das eigene Verhalten) abhängt.[51]

Aus der Bedeutungsbestimmung moralischer Ausdrücke ergeben sich für die Methodologie der normativen Wissenschaft einige Konsequenzen. Zurückgewiesen werden einerseits die These, daß moralische Normen nur intuitiv erkannt werden können und daher keiner Rechtfertigung zugänglich sind, und andererseits die Auffassung, daß Moral durch etwas anderes als durch das Wollen von Individuen bestimmt sein könnte. Damit ergibt sich dann, daß die Bestimmung der optimalen Handlungen und Institutionen der Gewinnung empirischer Erkenntnis vergleichbar ist und auch strukturell ähnlichen Einschränkungen unterliegt.

(i) In der sprachlich-gesellschaftlichen Sozialisation lernen wir Gegenstände zu beschreiben. Die Übereinstimmung, die wir in unseren Urteilen feststellen, ist das Ergebnis einer gemeinsamen gesellschaftlichen Praxis. Dies gilt für empirische wie für moralische Urteile.[52]

(ii) Es gibt daher keinen prinzipiellen Unterschied zwischen "objektiven" und institutionellen Fakten.[53] Auch den naturwissenschaftlichen Theorien liegt eine allgemein akzeptierte *Praxis* zugrunde (etwa in den Meßverfahren). Die Fakten spielen, gemäß der Duhem-Quine-These, nicht die Rolle des Richters über Wahrheit und Falschheit, da es keine theorieunabhängige Beobachtung und Beschreibung von Fakten gibt.[54] Hierin liegt die Parallele zu der "wertbeladenen" Beschreibung gesellschaftlicher Phänomene.

(iii) Dadurch erscheint die Rechtfertigungsfrage sowohl für empirische als auch für ethische Theorien in einem anderen Licht. Empirische Sätze werden dadurch gerechtfertigt, daß sie sich kohärent in eine Theorie einfügen, und zwar in die beste verfügbare Theorie. Das gleiche Verfahren ist auch für ethische Theorien anwendbar und wird angewendet. Man prüft eine Handlungsanweisung, indem man ihre Konsistenz mit anderen akzeptierten Handlungsanweisungen bzw. mit einem System von Anweisungen (Theorie) prüft. Moralische Urteile sind in demselben Sinne objektiv wie empirische Urteile, da sie den gleichen Rechtfertigungsverfahren unterliegen.

---

51 Manchmal wird der Begriff "Ethik" auf das erstgenannte eingeschränkt; das zweite, die Bestimmung der Grundstruktur der Gesellschaft, fällt dann unter "politische Philosophie".

52 Vgl. Flanagan (1982).

53 Eine ähnliche Idee findet sich bei Rescher (1988) 128ff.

54 Vgl dazu Stegmüller (1973) 266ff.

(iv) Die Theorien selbst werden "getestet", indem sie mit anderen konkurrierenden Theorien verglichen werden. Das Problem des Theorienvergleichs und der rationalen Theoriewahl stellt sich für empirische wie für normative Theorien in gleicher Weise.[55] Theorien werden in Bezug auf eine Reihe von Merkmalen verglichen. Dazu gehören: Konsistenz, Kompatibilität mit anderen anerkannten Theorien, Einfachheit, Genauigkeit, metaphysische Grundannahmen (Materie, Raum, Individualismus usw.), Anomalien, Effektivität der Problemlösung, erfolgreiche Vorhersagen.[56]

Gegen diese Position, empirische und normative Wissenschaft in enger Analogie zu sehen, könnten zwei Einwände formuliert werden. 1. Man könnte darauf hinweisen, daß zwar alle das gleiche sehen, aber nicht alle das gleiche wünschen, und daß hierin ein fundamentaler Unterschied zwischen empirischer und normativer Reflexion liegt. Dieser Einwand beruht darauf, daß er die Analogie an der falschen Stelle lokalisiert. Moralische Urteile betreffen nicht die Wünsche (Präferenzen), sondern die Mechanismen, zwischen sich widersprechenden Wünschen zu vermitteln. 2. Man könnte einwenden, das wichtigste Prüfkriterium empirischer Theorien sei die Vorhersage, wofür es kein normatives Analogon gebe. Dies ist nur bei oberflächlicher Betrachtung ein Einwand. Genaugenommen besteht die Prüfung darin, daß die mit Hilfe der Theorie gewonnen Erwartungen mehr oder weniger gut erfüllt oder auch enttäuscht werden. Für eine normative Theorie gibt es ein analoges Kriterium: Die mit Hilfe der Theorie bestimmten Handlungen führen zu mehr oder weniger guter Erfüllung von Wünschen oder zu deren Enttäuschung. Erwartungen und Wünsche sind individuelle interne Zustände, deren Erfüllung oder Enttäuschung intuitiv wahrgenommen wird. Enttäuschungen führen allerdings nicht unmittelbar zur Aufgabe einer Theorie. Die Theoriewahl ist *kein* individueller, sondern ein kollektiver Prozeß, der eine intersubjektive Vermittlung von Erfahrung voraussetzt, d.h. ein kommunikativer Austausch über Erwartungen und Wünsche und deren Erfüllung oder Enttäuschung.

Rawls beschreibt sein Vorgehen zur Entwicklung einer Theorie der Gerechtigkeit in ähnlicher Weise.

> "Wenn (...) die sich ergebenden Grundsätze unseren wohlüberlegten Gerechtigkeitsvorstellungen entsprechen, ist es gut. Doch wahrscheinlich

---

[55] So hat Steinvorth (1980) und (1982) Lakatos' Methodologie auf die politische Theorie angewendet.

[56] Vgl. Kuhn (1962), Laudan (1977) 31ff, 64ff und 119f, Lakatos (1978) und Hoyningen-Huene (1989) 233ff.

wird es Abweichungen geben. Dann können wir zweierlei tun. Wir können entweder die Konkretisierung des Urzustands oder unsere gegenwärtigen Urteile abändern, denn auch unsere vorläufigen Fixpunkte können ja revidiert werden. Wir gehen hin und her, einmal ändern wir die Bedingungen für die Vertragssituation, ein andermal geben wir unsere Urteile auf und passen sie den Grundsätzen an; so, glaube ich, gelangen wir schließlich zu einer Konkretisierung des Urzustandes, die sowohl vernünftigen Bedingungen genügt als auch zu Grundsätzen führt, die mit unseren - genügend bereinigten - wohlüberlegten Urteilen übereinstimmen. Diesen Zustand nenne ich Überlegungs-Gleichgewicht."[57]

Die wechselseitige Anpassung von Theorie und Urteilen kann als Grundschema der Theoriebildung begriffen werden. Das Überlegungs-Gleichgewicht stellt das einzige uns zugängliche Rechtfertigungsverfahren dar.

---

[57] Rawls (1971) 38. Rawls verweist in einer Fußnote auf Nelson Goodman, der für empirische Theorien einen ähnlichen Gedanken entwickelt.

3. Methodologischer Individualismus

Moralische Normen sind gerechtfertigt, wenn sie sich aus einer gerechtfertigten ethischen Theorie ergeben. Als gerechtfertigt gilt eine ethische Theorie, wenn sie die beste verfügbare Theorie ist. Welche Theorie die beste verfügbare ist, wird durch Theorienvergleich bestimmt, und dazu werden Vergleichskriterien benötigt. Ein Kriterium, das dabei benutzt wird, ist das Prinzip des methodologischen Individualismus. Es besagt, daß das moralisch Gute sich nur aus den Wertungen von Individuen ergibt und bestimmen läßt; das moralisch oder gesamtgesellschaftlich Gute muß als Aggregat individueller Wertungen verstanden werden.

Da das Prinzip des methodologischen Individualismus selten im Kontext normativer Theorien diskutiert wird, werde ich, um es näher zu erläutern und zu begründen, das Prinzip zunächst im Kontext der empirischen Sozialwissenschaften, aus dem es stammt, diskutieren. Die erste Frage ist also, ob der methodologische Individualismus ein fruchtbares oder auch nur haltbares Prinzip in einer Methodologie der empirischen Sozialwissenschaft ist. Zweitens ist dann die Möglichkeit einer Übertragung des Prinzips auf normative Kontexte zu prüfen.

Der Begriff "methodologischer Individualismus" wurde von Schumpeter geprägt, um zwei Arten des Individualismus voneinander zu unterscheiden: 1. den *politischen Individualismus*, der für alle Mitglieder einer Gesellschaft individuelle Freiheitsrechte postuliert; 2. den *methodologischen Individualismus*, der eine Methode der ökonomisch-sozialwissenschaftlichen Analyse kennzeichnet. Beide Individualismus-Begriffe sind völlig unabhängig voneinander.[1] Das Prinzip des methodologischen Individualismus in der Sozialwissenschaft besagt, daß Institutionen und Gruppenverhalten durch das Verhalten von Individuen beschrieben und erklärt werden können.[2] In der Definition von Blaug lautet es:

---

1 Schumpeter (1908) 88ff, besonders 90. Vgl. auch Blaug (1980) 49.

2 Etwa von Mises (1949) 41ff.

> "*Methodological individualism* The view that social theories must be grounded in the attitudes and behavior of individuals, as opposed to 'methodological holism,' which asserts that social theories must be grounded in the behavior of irreducible groups of individuals."[3]

Das Prinzip des methodologischen Individualismus ist Bestandteil des Kerns eines sozialwissenschaftlichen Forschungsprogramms und bildet einerseits ein Prüfkriterium für eine Theorie (eine gute Theorie muß das Prinzip erfüllen), andererseits dient es als heuristisches Prinzip, indem es die Bemühungen der Forschung lenkt, einen bestimmten Typ von Erklärung zu suchen. Die sozialwissenschaftliche Forschung, die dem Prinzip des methodologischen Individualismus folgt, sucht stets nach Mikrofundierungen ihrer Theorien, d.h., sie versucht alle Makrozusammenhänge durch individuelles Verhalten zu erklären. (So wie etwa die gesamtwirtschaftliche Nachfragefunktion aus dem Nachfrageverhalten der einzelnen, also individuellen Handlungen, erklärt wird.) Ob Makrobegriffe wie Revolution, Hungersnot, Wirtschaftskrise, Volkseinkommen, Geld, Inflation usw. sämtlich reduzierbar sind und als Aggregate individueller Größen (d.h. auf Individuen bezogene Begriffe) aufgefasst werden können, ist eine offene Frage. Schumpeter bezieht hier einen instrumentalistischen Standpunkt:

> "Nicht darauf kommt es uns an, wie sich diese Dinge wirklich verhalten, sondern wie wir sie schematisieren oder stylisieren müssen, um unsere Zwecke möglichst zu fördern, das heißt also, welche Auffassung die vom Standpunkte der Resultate der reinen Ökonomie praktischeste sei."[4]

Er stellt ferner fest, daß der methodologische Individualismus für die reine ökonomische Theorie eine geeignete Ausgangsposition sei, nicht aber für die Soziologie.[5] Neben Schumpeters Position zum Prinzip des methodologischen Individualismus in den Sozialwissenschaften gibt es radikalere Positionen, die sowohl die Adäquatheit des Prinzips auch für die Soziologie als auch eine *tatsächliche* Reduzierbarkeit aller sozialwissenschaftlichen Makrobegriffe behaupten. Diese über den Instrumentalismus hinausgehende Position wird als ontologischer Individualismus bezeichnet.[6] Die Reduzierbarkeitsthese beinhaltet, daß in Theorien die Bezugnahme auf Makrogrößen, sagen wir

---

[3] Blaug (1980) 266.

[4] Schumpeter (1908) 93f.

[5] Ebd. 96, 95. Für Schumpeter fällt die Analyse des Handelns im Rahmen von Institutionen in den Bereich der Ökonomik, die Analyse der Institutionen aber in den Bereich der Soziologie. Vgl. Swedberg (1989) 513f.

[6] Tännsjö (1990) 74f. Hayek wird hier als ein Vertreter dieser Position genannt.

Institutionen, keinen zusätzlichen Erklärungswert hat, da die Institutionen keine kausale Rolle für die zu erklärenden Phänomene spielen. Die holistische Gegenposition behauptet gerade die nicht-Reduzierbarkeit, d.h., daß Institutionen oder Gruppen Eigenschaften (die eine kausale Rolle spielen) besitzen, die sich nicht aus den Eigenschaften der Individuen ergeben. Gruppeneigenschaften können von zweierlei Art sein. In "Wale sind Säugetiere" trifft das Prädikat "Säugetier" auf jedes einzelne zur Gruppe der Wale gehörende Individuum zu. In "Wale sind vom Aussterben bedroht" betrifft das Prädikat dagegen die Gruppe als ganzes und kann auf die Individuen gar nicht angewendet werden.[7] Im ersten Fall ist die Reduzierbarkeit ganz offensichtlich. Aber auch für den zweiten Fall, das Aussterben einer Art, ist eine Erklärung des Phänomens allein mit Bezug auf die Individuen möglich, denn die kausalen Mechanismen, die das Phänomen hervorbringen, wirken durch die Individuen. Bei den Phänomenen, die Objekte sozialwissenschaftlicher Theorien sind, spielt aber nicht die kausale Verursachung die entscheidende Rolle, sondern Überzeugungen und Absichten, die die Gründe für Handlungen darstellen.[8] Die These des methodologischen Individualismus ist, daß Überzeugungen und Absichten strenggenommen nur auf der Ebene der Individuen vorkommen, auf der Ebene der Institutionen und Gruppen aber nur im übertragenen Sinne. Die Gesetze der Makroebene basieren auf individuellen Handlungen. Sie sind nur spezielle Anwendungen der Gesetze, die auf der Ebene individuellen Handelns gelten. Die ökonomische Theorie betrachtet Handeln als Interaktion der einzelnen mit der Umwelt, die von den Möglichkeiten, Fähigkeiten und Wünschen der Individuen abhängen. Die Frage der Reduzierbarkeit stellt sich dann in der folgenden Weise:

> "Consider the question of whether we can reduce the theory of two-person interaction to the theory of individual human action. Economists who discuss individual human action often use the example of Robinson Crusoe, so we might call the theory of such individual action 'Robinson Crusoe theory'. Our question then is whether the theory of interaction of Crusoe and Friday can be reduced to Crusoe theory. (...) Does the theory of two-person interaction merely *specify* the previous Crusoe theory and apply

---

[7] Vgl. Brodbeck (1958) 1f.

[8] Davon kann man ausgehen, solange nicht gleichzeitig die Reduzierbarkeit der Sozialwissenschaften auf Biologie, und die Reduzierbarkeit der Biologie auf Biochemie und Physik behauptet wird.

it in particular circumstances, or does it introduce something new and irreducible?"[9]

Zwar bilden sich die Institutionen durch individuelles Handeln vieler einzelner heraus, aber andererseits ist das Handeln auch durch Institutionen bestimmt. Es ist nicht von vornherein entscheidbar, ob Mikro- oder Makrogrößen einen höheren Erklärungswert und damit methodologische Priorität haben.[10] Es ist einfach ein Charakteristikum eines Forschungsprogramms, Größen des einen oder des anderen Typs den Vorzug zu geben. Der Erfolg der Forschung entscheidet über die Annahmen im Kern eines Forschungsprogramms, in diesem Fall über die Akzeptierbarkeit des Prinzips des methodologischen Individualismus. Die Hoffnung, daß das Prinzip zu fruchtbarer Forschung führt, basiert auf der metaphysischen Prämisse, daß alle Wirkungsmechanismen von kleinsten Einheiten getragen werden - physikalische Partikel als Träger der kausalen Rolle oder Individuen als Entscheidungsträger für Handlungen.

Zurück zur Methodologie normativer Theorien. Hier ist es nicht primär die kausale Rolle der Individuen oder ihre Rolle als Handlungsträger, die die These der methodologischen Priorität des Individualismus nahelegen, sondern die Feststellung, daß es Individuen sind, die Situationen bewerten.[11] Hinter Erklärungen stehen Wirkungsmechanismen. Erklärungen sind zutreffend, wenn sie die Wirkungsmechanismen richtig beschreiben. Rechtfertigungen repräsentieren Wertungen. Welche Adäquatheitsbedingungen kann man für eine normative Theorie formulieren? Betrachten wir zunächst den Fall eines Robinson Crusoe. Welche seiner Handlungen sind gerechtfertigt? Was sind akzeptable Rechtfertigungsgründe? Rechtfertigungsgründe ergeben sich aus Bewertungen von Situationen, die durch die möglichen Handlungen erreichbar sind. Der methodologische Individualismus verlangt, daß sich eine Rechtfertigung an Crusoes eigenen Wertungen zu orientieren hat. Die triviale Norm, die sich hieraus ergibt, ist, daß er tun soll, was für ihn, gemäß seiner eigenen Maßstäbe, das beste ist. Was aber ist, wenn Freitag die Insel betritt? Kann eine Norm allein aus den individuellen Wertungen der beiden abgeleitet werden? Die Antwort hierauf ist kein einfaches "ja" oder "nein", denn man kann die Frage

---

9 Nozick (1977) 354; Hervorhebung im Original.

10 Nozick diskutiert dieses Problem ausführlicher; ebd. 357ff.

11 In diesem Sinne formuliert Schweizer (1990) 28 das Prinzip: "The presupposition of *methodological individualism* allows the location of value exclusively in the individual human being. Individuals are considered as the only source of value." (Hervorhebung im Original) Und er fährt fort: "As evaluating units, they are guided by subjective preferences."

auf verschiedene Weise verstehen. Einmal ist sie, im Sinne des eben Diskutierten, als Frage nach der *Reduzierbarkeit* moralischer Normen auf individuelle Klugheitsregeln in nicht-strategischen Situationen zu verstehen. Hierauf muß die Antwort offen bleiben.[12] Für die hier zur Debatte stehenden Probleme ist eine andere, trivialere Lesart der Frage relevant, nämlich: Gibt es außer den Wertungen der beteiligten Individuen andere Wertungen, die einen Einfluß auf die Gesamtwertung (Norm) haben sollen? Hierauf kann mit "nein" geantwortet werden: Normen ergeben sich allein aus den die strategische Dimension der Situation berücksichtigenden Bewertungen von Individuen. Dies könnte man als "schwaches Prinzip des methodologischen Individualismus" bezeichnen, das kaum mehr als eine semantische Festlegung beinhaltet - eine Festlegung allerdings, die naturrechtliche a priori Pflichten oder den Willen Gottes als Bestimmungsgründe für Handlungsnormen ausschließen. Reduzierbarkeit wird dagegen nicht verlangt.

Das Problem, wie sich aus konfligierenden Wertungen der einzelnen allgemeine Handlungsnormen ergeben, ist das eigentliche Problem der Ethik.

---

[12] Solange Robinson Crusoe allein ist, gibt es keine strategische Entscheidungssituation. Die Natur, die ihn umgibt, reagiert nur auf seine Handlungen, genauer auf die kausalen Folgen seiner Handlungen, nicht aber auf seine Absichten. Wenn Freitag die Insel betritt, auf Crusoes Absichten reagiert, und Crusoe dies weiß, liegt eine strategische Handlungssituation vor. Und es ist zweifelhaft, ob die Theorie des rationalen Handelns in strategischen Situationen auf eine Theorie rationalen Handelns, in der keine Gruppeneigenschaften (Übereinstimmung, Konflikt usw.) vorkommen, reduziert werden kann, z.B. auf eine Theorie rationalen Verhaltens in nicht-strategischen Situationen. Vgl. auch Nozick (1977) 356.

III. Ethik

Man kann sich ein Tier zornig, furchtsam, traurig, freudig, erschrocken vorstellen. Aber hoffend? Und warum nicht?
Der Hund glaubt, sein Herr sei an der Tür. Aber kann er auch glauben, sein Herr werde übermorgen kommen? - und was *kann er nun nicht? - Wie mache denn ich's? Was soll ich darauf antworten?*

Ludwig Wittgenstein

4. Programme ethischer Normenbegründungen

4.0 Einleitung

Der nun folgende ethische Hauptteil gibt in Kap. 4. eine allgemeine, knapp gehaltene Charakterisierung der wichtigsten ethischen Theorien. Dann wird versucht, diese Theorieansätze für eine Begründung der Tier- und Artenschutznormen (Kap. 5.) und für eine Begründung von Normen für unser Verhalten gegenüber zukünftigen Generationen (Kap. 6.) nutzbar zu machen.

Grundsätzlich können zwei Arten von Begründungsversuchen für Normen unterschieden werden. Erstens könnte man die Moralität einer Handlung nach ihren Folgen beurteilen. Sind die Folgen in einem nicht moralischen Sinne wünschenswert, so ist die Handlung gut. Ethiken dieser Art heißen konsequentialistisch oder teleologisch (Folgenethik). Andere Begründungsversuche weisen dagegen eine Handlung dann als moralisch gut aus, wenn sie bestimmten apriori gültigen Kriterien genügt. Eine solche Ethik wird deontologische Ethik (Pflichtenethik) genannt. In der üblichen Begriffsbestimmung ist jede nicht-teleologische Ethik eine deontologische Ethik.[1] Ethiken der ersten

---

[1] Vgl. z.B. Frankena (1963) 33f und Rawls (1971) 48.

Art müssen die Folgen von Handlungen bewerten. Eine gute Handlung ist, was gute Folgen hat. Die Theorie muß ein Bewertungskriterium für die Folgen angeben. Deontologische Theorien müssen dagegen die Gültigkeit ihrer apriori-Kriterien erweisen.

Neben der Einteilung der Ethiken in teleologische und deontologische können sie in metaphysische und nicht-metaphysische eingeteilt werden. Beide Kategorien können aber nicht scharf voneinander getrennt werden, da jede Theorie bestimmte, nicht weiter begründbare Prämissen einführen muß. Eine "Ethik ohne Metaphysik"[2] gibt es im strengen Sinne nicht; aber es gibt Unterschiede in der Stärke der metaphysischen Voraussetzungen. Der Verweis auf göttliche Prinzipien ist (vielleicht nicht in jeder Gesellschaft, aber für uns) eine stärkere metaphysische These als die Annahme, daß individuelle Nutzen bei der Wahl eines Gesellschaftssystems und der Rechtfertigung einzelner Handlungen eine Rolle spielen. Aber auch das letztere ist eine metaphysische These. Eine andere metaphysische These ist z.B. das Perfektionsprinzip. Es verlangt, Institutionen und Pflichten so festzulegen, daß die Erfolge von Wissenschaft und Kultur maximiert werden.[3] Ich meine nun, daß sowohl religiös-metaphysische Theorien, die auf die Unbedingtheit ihrer Glaubenssätze verweisen, als auch jene Theorien, die abstrakte Prinzipien voraussetzen oder etwa "Ziele der Menschheit" postulieren, stärkere Voraussetzungen machen als der methodologische Individualismus, der alle Werte und damit alles Sollen an die Empfindung einzelner Individuen knüpft und sich darüber hinaus einer Wertung dieser Empfindungen enthält.[4] Diese Position entspricht etwa dem, was die Erlanger-Schule unter "Lehrbarkeit" versteht - Lehrbarkeit und Vermittelbarkeit als Voraussetzung für die Rechtfertigung einer Verpflichtung. Ich werde die folgende Betrachtung daher auf solche Versuche der Normenbegründungen beschränken, die starke metaphysische Voraussetzungen vermeiden und eine "rationale" Begründung versuchen.

Eine teleologische Theorie, die dies tut, ist der Utilitarismus (4.1). Deontologische Theorien greifen auf Kants kategorischen Imperativ oder Argumente von ähnlicher Struktur zurück und führen zum Universalisierungsgrundsatz (4.2). Die modernen Vertragstheorien wird man bei erster, oberflächlicher Betrachtung bei den nicht-teleologischen, also deontologischen Theorien einordnen, da sie die Einhaltung von Verträgen als eine prima facie Pflicht

---

[2] So der Titel von Patzig (1971).

[3] Vgl. Rawls (1971) 360.

[4] Vgl. Kap. 3., S.44ff.

vorauszusetzen scheinen. Jedoch kann man auch mit Verweis auf die Konsequenzen gute Gründe für die Einhaltung von Verträgen finden. Durch soziale Kooperation wird eine größere Wohlfahrt für alle erreicht. Nach dieser Überlegung können die Vertragstheorien scheinbar unter den Utilitarismus subsumiert werden. Bei ihrer Begründung greifen sie allerdings gar nicht auf irgendein utilitaristisches Nutzenkalkül zurück. Sie sind im Grundsatz individualistisch und stellen keine Nutzenvergleiche an. Die Einhaltung von Verträgen begründen sie nicht mit einer größeren Wohlfahrt für *alle*, sondern aus dem Eigeninteresse eines *jeden* (4.4). Eine Zwischenstellung zwischen Utilitarismus und den Vertragstheorien nimmt Rawls' Theorie der Gerechtigkeit ein (4.3). Rawls selbst nennt seine Theorie eine Vertragstheorie,[5] und er kritisiert den Utilitarismus, der die einzelnen Individuen nicht ernst nimmt.[6] Der Gesellschaftsvertrag bei Rawls wird aber zwischen repräsentativen Personen geschlossen und ist nicht im strengen Sinne individualistisch und daher keine Vertragstheorie. Ein strenger Begriff von "Vertragstheorie" ist nur mit einem individualistischen Ansatz verträglich.[7]

Neben diesen vier Positionen, die, einmal abgesehen von Kantischen Ursprüngen der Universalisierung und der Rawls'schen Position, zur Hauptsache aus dem englischen Sprach- (und Denk)raum stammen und dort die meist diskutierten sind, gibt es im deutschen Sprachraum drei wichtige Positionen zur Normenbegründung (4.5). Die bekannteste a) ist die von Jürgen Habermas entwickelte Diskursethik. Daneben und in Auseinandersetzung damit hat b) die "Erlanger Schule" der Konstruktivisten eine ethische Theorie entwickelt, die ebenfalls kurz dargestellt wird. In neuester Zeit wird eine Position c), die E. Tugendhat und U. Wolf entwickelt haben, stärker diskutiert. Diese Position ist vor allem unter methodischen Gesichtspunkten interessant, da die Normenbegründung mit Rückgriff auf psychologische Tatsachen erfolgt und trotzdem das Problem des "naturalistischen Fehlschlusses" unterläuft.

Mit den genannten Ansätzen hoffe ich, einen einigermaßen vollständigen Überblick über solche Theorien zu geben, die um die Vermeidung stärkerer metaphysischer Grundannahmen bemüht sind. Nicht behandelt werden Theorien, die religiöse Überzeugungen zur Moralbegründung anführen.

---

5 Rawls (1971) 33.

6 Ebd. 45.

7 Ebd. 115. Vgl dazu Hampton (1980).

4.1 Utilitarismus

Die Grundidee des Utilitarismus ist mit der klassischen Nationalökonomie eng verknüpft. Der Wert einer Handlung wird nicht daran bemessen, ob die Handlung einer gerechten Regel folgt, sondern nur nach dem Ergebnis.[8] Eine im Sinne des Utilitarismus gute Handlung ist diejenige, die den größtmöglichen Nutzen stiftet.[9] In der klassischen Formulierung des Nutzenkalküls von Bentham "Sum up all the values of all the pleasures on the one side, and those of all the pains on the other. (...) Take an account of the number of persons whose interests appear to be concerned (...)"[10] ist die enge Beziehung zur klassischen Ökonomik offensichtlich. In Moral *und* Wirtschaft müssen wir bewerten und auf Grund von Bewertungen entscheiden.[11]

Der Utilitarismus verbindet Moral mit dem Streben nach Glück, aber nicht mit dem individuellen Streben nach Glück, denn das Glück oder Wohlergehen aller von einer Handlung Betroffenen wird zur Bewertung der Handlung herangezogen. An dieser Stelle tritt das vielleicht größte Problem des Utilitarismus auf: Er muß auf intersubjektive Nutzenvergleiche Bezug nehmen - genauer auf einen intersubjektiven Vergleich der marginalen Nutzen. Dabei bleibt zunächst völlig ungeklärt, wie das geschehen kann. Benthams Hinweis, daß jeder als einer und nur als einer zählt, ist für diese Frage zu wenig hilfreich.[12]

Dieses Problem des Utilitarismus tritt in verschärfter Form auf, wenn Tiere oder zukünftige Generationen die Betroffenen der Handlung sind. In diesen Fällen fällt es uns noch schwerer, die Interessen zu gewichten. Diese Problematik wird auch dann nicht wirklich entschärft, wenn wir den Anspruch des

---

8 Ob das erwartete oder das tatsächliche Ergebnis relevant ist, ist die Frage von Gesinnungs- oder Verantwortungsethik. Grundsätzlich ist der Utilitarismus eine Verantwortungsethik, d.h. die tatsächlichen Folgen sind relevant. Allerdings ist die Frage, ob eine Handlung gut ist, noch zu unterscheiden von der Frage, ob es gut ist, Lob oder Tadel auszusprechen. Wenn es andererseits nicht darum geht, Handlungen zu beurteilen, sondern Entscheidungen zu treffen, bleibt kein anderes Kriterium als die erwarteten Folgen. Hier schließt sich die interessante Frage an, wie eine Moral der Erwartungsbildung aussehen könnte. Welche Verpflichtung besteht, vor einer Entscheidung Informationen einzuholen?

9 Dazu Mackie (1977) 157ff. Zur Einführung in den Utilitarismus: Höffe (Hg., 1975). Dort findet sich auch eine Auswahlbibliographie.

10 Bentham (1789) 31.

11 Homann (1988a) 121. Biervert/Wieland (1987) 28ff weisen auf den Zusammenhang der ökonomischen mit der ethischen Konzeption des Nutzenbegriffs hin.

12 Vgl. Mackie (1977) 161. Eine Möglichkeit, Bentham zu verstehen, wäre, den einzelnen gleiche Nutzenfunktionen zu unterstellen. Aber das dürfte empirisch falsch sein.

Utilitarismus, eine allgemeine Theorie des richtigen Handelns zu sein, darauf reduzieren, ein Korrektiv für unsere anders motivierten Handlungen zu sein. Wir fragen also nicht mehr danach, welche Handlungen geboten wären, sondern nach Gründen, eine beabsichtigte Handlung zu unterlassen. Eine Person wird dann nicht primär aufgefordert, allen Interessen gleichen Rang einzuräumen, sondern wird den eigenen Interessen dienen, solange die Interessen anderer nicht in stärkerem Maße verletzt werden, als die eigenen Interessen befördert werden. Adam Smith hat die Aufgabe des Marktes gerade darin gesehen, daß die einzelnen ihre Interessen nicht einer anonymen Gesamtwohlfahrt opfern müssen. Der Markt sichert, daß das wohlverstandene Eigeninteresse zum utilitaristisch verstandenen Besten führt.

Abgesehen von dem unterschiedlichen Anspruch, mit dem der Utilitarismus vertreten werden kann, sind verschiedene Varianten in der Diskussion.

Eine Konzeption des Utilitarismus bedient sich der Nutzensumme, eine andere des Durchschnittsnutzens als für das Entscheidungskalkül relevante Größe. Bei einer konstanten Zahl von Individuen fallen beide Varianten zusammen. Sie weichen voneinander ab, wenn die Zahl der Individuen sich im Zeitablauf verändert. Entsprechend können Nutzensummenutilitaristen etwa bei Fragen der Bevölkerungspolitik zu anderen Ergebnissen kommen als Durchschnittsnutzenutilitaristen.[13]

Zwei weitere wichtige Varianten, die erwähnt werden sollen, sind Akt- und Regelutilitarismus. Der Aktutilitarismus geht davon aus, daß jede Einzelhandlung dem utilitaristischen Kriterium (Nutzensumme oder Durchschnittsnutzen) genügen sollte. Ein Gegenargument des Regelutilitarismus ist der Verweis auf Beispiele, in denen der Aktutilitarismus vorschreibt, Versprechen zu brechen, zu lügen usw. Im Einzelfall kann es, das wird jeder zugeben, richtig sein, eine solche moralische Regel zu verletzen. Die Regelverletzungen unterhöhlen aber die Funktion gesellschaftlicher Institutionen. Diese Überlegung legt dann nahe, Regeln, die "im Normalfall" das Nutzenkalkül erfüllen, vorzuschreiben und die Handlungen an diesen Regeln zu orientieren. Anders als die Regeln deontologischer Ethiken sind hier die Regeln nur nach dem Nützlichkeitsprinzip ausgerichtet. Betrachten wir dazu zunächst ein Beispiel N. Hoersters:

> "A wohnt in der Großstadt x und ist Eigentümer eines Schwimmbades. In einem heißen Sommer werden die Bewohner von x aufgefordert ihren

[13] Birnbacher (1986) und (1988) 131ff. Zur Frage der optimalen Bevölkerungsentwicklung vgl. unten S.131.

> Verbrauch an Wasser auf das nötigste zu beschränken. Während sich die übrigen Besitzer von Schwimmbädern an die Aufforderung halten und im Interesse einer gesicherten Trinkwasserversorgung auf Badefreuden verzichten, setzt A sein Bad in Betrieb. Er geht mit recht davon aus, daß die Wassermenge für ein Schwimmbad im gesamten Wasserhaushalt der Stadt nicht ins Gewicht fällt, daß er andererseits mit einem funktionsfähigen Schwimmbad seinen erwarteten Partygästen eine Freude machen wird. A wählt demnach die Handlungsalternative mit den besten Folgen. Handelt er nicht trotzdem falsch?"[14]

Hoerster beschreibt dieses Beispiel, um daran zu zeigen, daß es einen relevanten Unterschied zwischen Akt- und Regelutilitarismus gibt. Der Regelutilitarismus gibt hier die unserer Intuition näher liegende Antwort, daß es falsch ist, das Bad zu benutzen. Hoerster übersieht bei seinem Beispiel aber einen wesentlichen Punkt: Wenn das Wasser in der Stadt knapp ist, gibt es keine noch so kleine Wassermenge, die "nicht ins Gewicht fällt".[15] Der moralische Appell der Stadtverwaltung beruht gerade auf der Idee, die knappen Wasserressourcen in die nützlichste Verwendung zu bringen.

In anderen Fällen, in denen dieser Aspekt keine Rolle spielt, etwa im Fall einer nützlichen Lüge, bleibt noch der Einwand, daß für das Funktionieren einer Gesellschaft soziale Regeln, wie die Wahrheit zu sagen oder Versprechen und Verträge einzuhalten, unabdingbar sind.[16] Im Gegenzug kann man schlicht darauf hinweisen, daß der Verlust an Vertrauen und Glaubwürdigkeit eine Größe ist, die ins Nutzenkalkül miteinbezogen werden muß. Zunächst kann der Standpunkt des Regelutilitarismus aufrecht erhalten werden; denn selbst wenn Vertrauensverlust und andere negative Auswirkungen berücksichtigt werden, *kann* es, ist der Nutzen nur hoch genug, moralisch geboten sein, ein Versprechen zu brechen. Und das ist, so die regelutilitaristische Argumentation, ein Einwand gegen den Aktutilitarismus. Darauf gibt es, so meine ich, zwei erfolgreiche Erwiderungen. Erstens ist die Schlußfolgerung nicht zwingend. Das Gebot, ein Versprechen zu brechen, ist kein Einwand: Es gibt eben keine absoluten Ge- und Verbote, und bestimmte (extreme) Umstände mögen es gebieten, ein Versprechen zu brechen. Die zweite Entgegnung verweist darauf, daß zu einer Regel stets auch spezifizierte Anwendungsbedingungen gehören. Das bedeutet: Die regelutilitaristisch gerechtfertigte Regel spezifiziert die

---

[14] Hoerster (1971) 21ff.

[15] Parfit (1984) 75 nennt es einen "Fehler der Mathematik der Moral", kleine Auswirkungen zu vernachlässigen.

[16] Harsanyi (1982) 58ff.

Anwendungsbedingungen so, daß alle Fälle, die unter die Regel fallen, auch aktutilitaristisch gerechtfertigt werden können. Wäre eine aktutilitaristisch richtige Handlung regelutilitaristisch falsch (wie es für den Fall des Brechens eines Versprechens behauptet wird), so wären die Anwendungsbedingungen falsch spezifiziert. Es gibt dann nämlich eine andere, nützlichere Regel, die eben jenen Fall zuläßt. Akt- und Regelutilitarismus fallen dann in ihren Konsequenzen zusammen.[17] Daraus folgt natürlich nicht, daß Regeln entbehrlich sind. Ihnen kommt eine nicht zu unterschätzende pragmatische Bedeutung zu. Regeln sind soziale Institutionen, die uns einerseits Handlungsorientierungen geben und andererseits unsere Erwartungen stabilisieren, sofern andere sich an die Regeln halten. Dadurch wird es einfacher, Entscheidungen zu treffen.

4.2 Universalisierung

Wer das Problem, die Nutzen der verschiedenen, von einer Handlung betroffenen Individuen zu aggregieren oder zu vergleichen, für unlösbar hält,[18] kann einen völlig anderen, nicht-teleologischen Ansatz zur Begründung von Moral wählen. Die Idee ist, ein sehr einfaches Prinzip zu etablieren. Dieses Prinzip hat als "goldene Regel"[19] eine lange Tradition und wird in der neueren Diskussion als Universalisierung oder Verallgemeinerung bezeichnet.

Mackie skizziert drei Stufen der Universalisierung:[20]

1. Moralische Urteile oder Vorschriften gelten für alle in der gleichen Weise. Was für A gilt, muß auch für B gelten, wenn A und B sich nicht in relevanter Weise unterscheiden.
2. Auf der zweiten Stufe wird die Einschränkung, daß A und B sich in den relevanten Hinsichten gleich sind, aufgehoben. Das Prinzip verlangt für

---

17 Smart (1973) 9ff und Mackie (1977) 174f legen das Argument für die Deckungsgleichheit im Detail dar. Den gegenteiligen Standpunkt vertritt Barrow (1982) 15ff. Mackie verlangt zur Verteidigung des Regelutilitarismus ein anderes Regelverständnis. Vgl. dazu auch Rawls (1955). Harsanyi (1977b) 30ff und (1982) 56ff betont die Nähe des Regelutilitarismus zu unseren Intuitionen und identifiziert Aktutilitarismus mit Verhalten in parametrischen und Regelutilitarismus mit Verhalten in strategischen Situationen.

18 Selbst wenn das Aggregationsproblem gelöst wäre, bleibt beim Utilitarismus die Frage der Gerechtigkeit offen. Vgl. dazu S.58.

19 M.G. Singer (1961) 37f diskutiert verschiedene Formulierungen.

20 Mackie (1977) 104ff.

diesen Fall, den Unterschied der Situation zu berücksichtigen, in dem man sich in die Lage des anderen hineinversetzt.

3. Auf der dritten Stufe werden nicht nur die Unterschiede der Situation, sondern auch die der persönlichen Vorlieben, Abneigungen und Einstellungen berücksichtigt.

Zur näheren Erläuterung der drei Stufen betrachten wir die moralische Vorschrift, einen Beitrag für die Gemeinschaft zu leisten, beispielsweise in Form einer Steuer. Auf der ersten Stufe ist die Aufforderung, die Steuer zu zahlen, nur dann eine moralische Vorschrift, wenn verlangt wird, daß alle die Steuer bezahlen und nicht etwa die Person A befreit wird, nur weil sie eben die Person A ist. A unterscheidet sich natürlich in irgendeiner Hinsicht von allen anderen Personen, aber nicht in einer relevanten Hinsicht. Was ein relevanter Grund sein könnte, A anders zu behandeln als andere, wird auf der zweiten Stufe berücksichtigt. Wenn A nur über ein geringeres Einkommen verfügt, sollte die Steuerlast irgendwie gemäß A's spezieller Situation bemessen werden. Für die dritte Stufe sind dann zusätzlich A's Überzeugungen, Absichten und Vorlieben mit einzubeziehen. In der Praxis der Besteuerung wird diese dritte Stufe nicht erreicht; mit ihr wird ein Argument dafür gegeben, A von der Steuer zu befreien, wenn sie die Zwecke, für die das Steueraufkommen eingesetzt wird, nicht billigt.[21] Auch M.G. Singer knüpft Moral an ein Verallgemeinerungsprinzip.[22] Offen bleibt hier, wie auch bei Mackie, was "relevante Unterschiede" bzw. "ähnliche Voraussetzungen" sind. Es bleibt zu fragen, in bezug auf was sich die Individuen ähnlich sein müssen, die ähnlich behandelt werden sollen.[23] Es wäre absurd, eine völlige Ähnlichkeit zu fordern. Dieses Problem soll hier nur erwähnt werden. Es wird in 5.1 noch ausführlicher darauf zurückzukommen sein.

Abgesehen von den genannten Vagheiten in der Bedeutung von "ähnlich" und "relevant" kann aus dem Prinzip der Universalisierung ein moralisches Regelsystem abgeleitet werden. Offen ist bis jetzt die Begründbarkeit des Prinzips selbst. M.G. Singer argumentiert, daß in jedem Versuch, ein moralisches Urteil zu begründen, dieses Prinzip vorausgesetzt wird. Die Anwendung des

---

21 In Gerichtsprozessen um Steuerverweigerung ist dieses Argument von Gegnern der Rüstungspolitik vorgetragen worden.

22 M.G. Singer (1961) 57.

23 Das merkt auch Weinke (1975) 202 in seiner Rezension von Singers Buch an.

Prinzips kennzeichnet eine Argumentation gerade als eine moralische.[24] Eine ähnliche Argumentation findet sich auch bei Hare,[25] der moralische Sätze als präskriptive Sätze kennzeichnet, die sich von anderen präskriptiven Sätzen (z.B. Befehlssätzen) durch ihre Universalisierbarkeit unterscheiden. In dieser Form ist das Argument ein rein sprachlich-logisches, das sich aus den Bedeutungen der Wörter wie "richtig", "sollen", "Moral", usw. ergibt. Damit läßt sich das Problem der Begründung von Normen etwa so formulieren: Wie kann ein sprachlich-logischer (analytischer) Zusammenhang eine Handlungsvorschrift abgeben? Oder anders gewendet: Kann es überhaupt begründete Vorschriften geben, die streng allgemein (universal) gelten? Eine Vorschrift wie: "Schließe das Fenster!" kann, etwa mit dem Hinweis darauf, daß es sonst kalt wird und wir es warm haben wollen, begründet werden. Die Vorschrift gilt aber, gerade im Gegensatz zu einer moralischen Vorschrift, nicht allgemein, sondern nur mit Bezug auf einen Zweck. Zwecke oder die Folgen von Handlungen sollen nun aber gerade nicht zur Rechtfertigung herangezogen werden. Daß das Problem sich genau in dieser Weise stellt, hat zuerst Kant gesehen und es genial, wenn auch nicht unumstritten, gelöst. Kant hat mit seinem kategorischen Imperativ versucht, ein Prinzip zu geben, das streng allgemeingültig ist, ohne dabei rein sprachlich-logisch (analytisch) zu sein:[26] "...ich soll niemals anders verfahren als so, daß ich auch wollen könne, meine Maxime soll ein allgemeines Gesetz werden."[27] Wie dieses Prinzip zu verstehen ist, erläutert Kant am Beispiel eines Versprechens.[28] Nicht daß die gesellschaftlich nützliche Institution des Versprechens Schaden nimmt (wie der Utilitarismus argumentieren würde), ist Kants Punkt, sondern daß, wer ein Versprechen gibt und es bricht, nach einer widersprüchlichen Maxime handelt. Denn man sieht sofort ein, daß es das, was wir als Versprechen bezeichnen, gar nicht geben kann, wollte man einer solchen Maxime folgen.

---

[24] Singers genaue Formulierung des Prinzips ist: Was für einen richtig ist, muß auch für jeden anderen mit ähnlichen individuellen Voraussetzungen und unter ähnlichen Umständen richtig sein. M.G. Singer (1961) 35.

[25] Hare (1963) 30ff. Siehe auch Mackie (1977) 32ff.

[26] Kant nennt ein solches Prinzip ein synthetisches Urteil apriori (1781) 21f; im Zusammenhang mit der Begründungsfrage in der Moral (1785) 444f. Erläuterungen dazu bei Beck (1960) 60ff. Tugendhat (1984) 4 sieht nicht die Möglichkeit von synthetischen Urteilen a priori.

[27] Kant (1785) 402.

[28] Ebd. 422.

4.3 Rawls' Theorie der Gerechtigkeit

Rawls' Theorie der Gerechtigkeit ist eine Gegenposition zum Utilitarismus, die den methodischen Gedanken der Vertragstheorie aufnimmt.

Das utilitaristische Kriterium[29] ignoriert unsere Gerechtigkeitsvorstellungen dadurch, daß es völlig unbeachtet bleibt, wie der gesamte Nutzen in einer Gesellschaft verteilt ist. Beispielsweise könnte jemand verpflichtet sein, zum eigenen Schaden und zum Nutzen anderer zu arbeiten. Eine Sklavenhaltergesellschaft wäre gerechtfertigt, wenn sie nur effizient ist.[30] Dem könnte ein Utilitarist entgegenhalten, daß eine sehr ungleiche Verteilung von den Schlechtergestellten als schlecht empfunden wird und daher das Nutzenprinzip in Richtung auf eine gleichmäßigere Verteilung wirken wird. Trotzdem bleibt aber nicht ausgeschlossen, daß eine Benachteiligung der Schlechtergestellten durch einen Nutzenzuwachs der Bessergestellten kompensiert werden kann. "Der Utilitarismus nimmt die Verschiedenheit der einzelnen Menschen nicht ernst."[31] Rawls kommt daher zu dem Schluß, daß eine leistungsfähige ethische Theorie einen eigenständigen Gerechtigkeitsbegriff entwickeln muß. Grundlage der Gerechtigkeitstheorie sind zwei Grundsätze:

> "1. Jedermann soll gleiches Recht auf das umfangreichste System gleicher Grundfreiheiten haben, das mit dem gleichen System für alle anderen verträglich ist.
>
> 2. Soziale und wirtschaftliche Ungleichheiten sind so zu gestalten, daß (a) vernünftigerweise zu erwarten ist, daß sie zu jedermanns Vorteil dienen, und (b) sie mit Positionen und Ämtern verbunden sind, die jedem offen stehen."[32]

Diese Grundsätze stehen in lexikalischer Ordnung. Kein Verlust an Freiheit kann durch eine Steigerung des Wohlstands aufgewogen werden. Die Rechtfertigung der beiden Prinzipien erfolgt nach dem Muster der Vertragstheorien.[33] Dabei stellt man sich die hypothetische Situation einer Gesellschaft freier und gleicher Individuen vor (Urzustand). In zwei Schritten können dann die Gerechtigkeitsgrundsätze abgeleitet werden. Zuerst gilt es, den Urzustand,

---

[29] In diesem Zusammenhang macht es keinen Unterschied, ob Nutzensumme oder Durchschnittsnutzen zu maximieren sind.

[30] Rawls (1971) 139.

[31] Ebd. 45.

[32] Rawls (1971) 81. Eine präzisierte Formulierung gibt Rawls auf Seite 336.

[33] Rawls (1971) 27 sieht sich dabei in der Tradition von Locke, Rousseau und Kant.

der nicht als historische Situation aufzufassen ist, zu spezifizieren. Im zweiten Schritt lassen sich dann, unter der Annahme, daß die Individuen rational entscheiden, die Grundsätze bestimmen. Dieser zweite Schritt ist Rawls' zentrale Idee. Die Theorie der rationalen Entscheidung soll für die Begründung von Normen nutzbar gemacht werden.[34] Durch die Einführung des Urzustandes will Rawls erreichen, daß zufällige Bedingungen, wie körperliche und geistige Fähigkeiten, sozialer Status und auch persönliche Neigungen und Ziele, bei der Wahl der Grundsätze unberücksichtigt bleiben. Über all diese Bedingungen wird ein "Schleier des Nichtwissens" gedeckt. Bekannt sind lediglich allgemeine Tatsachen über Gesellschaft, Politik, Wirtschaft und Psychologie.[35] In dieser Situation müssen die Individuen eine Entscheidung über die Regeln, die in der Gesellschaft gelten sollen, treffen. Dabei werden alle, da sie sich in der gleichen Position befinden, von den selben Überlegungen ausgehen. Sie wählen daher als Ausgangspunkt eine Gleichverteilung der Grundgüter und gleiche Grundfreiheiten für alle. Darüberhinaus werden sie bereit sein, Ungleichverteilungen zuzulassen, soweit sie ihnen nützen.[36] Die Entscheider können zwischen verschiedenen Grundregeln der Gesellschaft wählen, die ihnen, je nach ihrer gesellschaftlichen Position, unterschiedliche Nutzen stiften. Diese Wahl treffen sie mit der aus der Entscheidungstheorie bekannten Maximin-Regel.[37] Der Schleier des Nichtwissens etabliert die Bedingung "Entscheidung unter Unsicherheit", die für die Anwendbarkeit der Maximin-Regel ausschlaggebend ist; den Entscheidern ist weder ihre Position noch eine Wahrscheinlichkeit dafür bekannt. Sie werden sich daher mit der Maximin-Regel für die größtmögliche Freiheit für alle und für das Unterschiedsprinzip entscheiden, das besagt, daß Ungleichheiten nur dann akzeptiert werden, wenn die Schlechtestgestellten davon profitieren.[38] Diese Konzeption von Rawls ist nicht unumstritten. Fast jeder wichtige Punkt, die Definition des Urzustands und des Schleiers des Nichtwissens, die Wahl der Maximin-Regel, die Ableitung der Gerechtigkeitsprinzipien daraus, der Freiheitsbegriff und die lexika-

---

34 Vgl. Wolff (1977) 16.

35 Rawls (1971) 29, 159f.

36 Ebd. 175.

37 Die Maximin-Regel wählt die Handlung aus, deren schlechtestmögliches Ergebnis besser ist als das schlechtestmögliche aller anderen Handlungen.

38 Rawls (1971) 180f. Harsanyi (1982) 47 hält diese Ableitung für falsch. Ein rationaler Entscheider würde utilitaristische Grundsätze wählen. Ebd. 45f.

lische Ordnung, ist angegriffen worden.[39] Bei aller Kritik muß aber Rawls' Einwand gegen den Utilitarismus ernst genommen werden.

4.4 Vertragstheorien

Die den Urzustand betreffenden Annahmen, die Rawls treffen muß, stellen eine Schwäche seiner Theorie dar. Die individualistischen Vertragstheorien sind in dieser Hinsicht wesentlich stärker.[40] Die Rawls'schen Grundsätze werden unter idealisierten Bedingungen von repräsentativen Personen, die eine soziale Position charakterisieren, beschlossen - nicht von Einzelpersonen. Daher bleibt unklar, warum die Grundsätze in einer aktuellen Situation Gültigkeit haben sollen, da nicht jede einzelne zugestimmt hat.[41] In der Vertragssituation, wie sie etwa bei Buchanan beschrieben wird, werden keine Einschränkungen für das Wissen um die eigenen Ziele und Fähigkeiten gemacht.[42] Die Verschiedenheit der Personen wird bei der Aufstellung der Vertragsregelungen berücksichtigt, oder besser: Die Vertragsregelungen basieren auf der Verschiedenheit der Personen. Bei Nozick findet sich diesen Punkt betreffend der Vorwurf gegen Rawls, daß die Individuen in der Entscheidungssituation des Urzustands gar nicht als Personen aufgefaßt werden können, da sie all ihrer Fähigkeiten, Überzeugungen und Ziele beraubt sind.[43] Im folgenden will ich den Kern der Vertragstheorien skizzieren, wobei ich mich in der Hauptsache auf Buchanan beziehe.

Ausgangspunkt der Überlegung ist nicht ein Zustand idealer Bedingungen, sondern, mit Bezug auf Hobbes, eine Gesellschaft ohne geltende Rechte.[44] Die einzelne betrachtet ihre gesamte Umwelt als gegebene Ressource, und sie verhält sich rational, d.h. sie versucht ihre Bedürfnisse optimal zu befriedigen.[45] Im weiteren Gang der Überlegung wird dann ein Modell einer Gesellschaft eingeführt. Bei gegebenen Präferenzen und Produktionsmöglichkeiten kommt es zur Konkurrenz um knappe Ressourcen. Da es keine Eigen-

---

39 Wichtige Beiträge und Hinweise auf weitere Literatur finden sich in den Sammelbänden Daniels (ed., 1975) und Höffe (Hg., 1977). Tugendhat (1984) 62 sieht Rawls' Theorie nicht als Begründung, sondern als Rekonstruktion einer Moral an.

40 Vorn (S.51) habe ich Rawls' Theorie von den Vertragstheorien abgesetzt.

41 Diesen Punkt macht Dworkin (1975) 17ff geltend.

42 Buchanan (1975) 53-73.

43 Nozick (1974) 428.

44 Buchanan (1975) 53. Bei Hobbes (1651) beispielsweise die Seiten 184-188.

45 Diesen Rationalitätsbegriff findet man explizit bei Gauthier (1986) 22.

tumsrechte gibt, wird jede auch die von anderen produzierten Güter konsumieren, solange dies leichter ist, als selbst zu produzieren. Andererseits ist es lohnend, den Zugriff der anderen auf die Güter des eigenen Bedarfs zu verhindern. Es ergibt sich, nach dieser Überlegung, eine natürliche Verteilung der Güter. Jede einzelne erreicht ein vorläufiges ökonomisches Optimum, wenn bei all ihren Aktivitäten, wie Produktion, Sicherung von Vorräten und "Erwerb" der von anderen produzierten Güter, ihr Grenzaufwand gleich ihrem Grenznutzen ist.[46] Keineswegs sind in diesem Zustand alle Individuen gleichmäßig ausgestattet. Alle können, ausgehend von der "natürlichen Verteilung", Verbesserungen erreichen, wenn sie Regeln verabreden können, die es ihnen erlauben, ihre Verteidigungs- und Angriffsleistungen zu reduzieren, so daß Kapazitäten für zusätzliche Produktion freigesetzt werden. Die Situation, in der sich die Individuen befinden, hat die Struktur des Gefangenendilemmas.[47]

		B akzeptiert Regeln	B akzeptiert keine Regeln
A	akzeptiert Regeln	(5, 5) I.	(1, 8) II.
A	akzeptiert keine Regeln	(8, 1) III.	(2, 2) IV.

TAFEL 4: Gefangenendilemma.
Die Tafel gibt die Ergebnisvektoren der Nutzenniveaus (U_A, U_B) für zwei Personen A, B an.

Die natürliche Verteilung ist die suboptimale Position IV in Tafel 4, in der beide nur niedrige Nutzenniveaus erreichen. Die Einhaltung der Regeln liegt im Interesse beider Personen. Gleichzeitig besteht für jede einzelne jedoch ein Anreiz, die Regeln zu verletzen, solange die andere sie einhält. Daher wird zur Stabilisierung von Zustand I zusätzlich festgelegt, wie die Einhaltung der

---

46 Buchanan (1975) 58.

47 Buchanan (1975) 64. Das Gefangenendilemma wird zuerst bei Luce/Raiffa (1957) 94ff beschrieben. Das Originalbeispiel, von dem es seinen Namen hat, stammt von A. Tucker. Es zeigt die formale Grundstruktur eines Stabilitätsproblems von Normen. Dazu auch Sen (1982) 62f, Gauthier (1986) 79f. Eine formalere Behandlung und Einordnung in den Gesamtzusammenhang der Spieltheorie findet sich bei Harsanyi (1977a) 127f.

Regeln erzwungen wird und Regelverletzungen bestraft werden.[48] Diese Regeln und Festsetzungen heißen "constitutional contract".[49] Mit diesem Verfassungsvertrag sind erstmals Eigentumsrechte festgelegt. Damit ist der Austausch privater Güter zum gegenseitigen Nutzen, also ein Markt, möglich und es können Vereinbarungen über die Produktion öffentlicher Güter getroffen werden (postconstitutional contract).[50]

Ein ähnliches zweistufiges Verfahren zur vertragstheoretischen Normenbegründung wird auch von Gauthier vorgeschlagen. Es ist unabhängig voneinander zu zeigen, daß es Gründe gibt, überhaupt Regeln zu akzeptieren und wie solche Regeln, unter der Voraussetzung ihrer Geltung, ausgestaltet sein müssen, damit jede vernünftige Person ihnen zustimmen kann.[51] Gauthier beschreibt außerdem die Bedingungen, unter denen es rational ist, den ex ante zugestimmten Regeln auch in der aktuellen Situation zu folgen, d.h. das Handeln an kooperativen Strategien auszurichten.[52]

Die von Buchanan entwickelte Vertragstheorie läßt die Begründung von Normen einer Sklavenhaltergesellschaft zu. Die Abhängigkeitsverhältnisse werden als Vertragszustand gedeutet. Dies läuft unserem intuitiven Gerechtigkeitsverständnis entgegen. Man ist geneigt, von einer ethischen Theorie ein Lebensrecht für jeden Menschen apriori zu verlangen. Genauso verfährt Nozick in seinem Entwurf für einen Minimalstaat. Er knüpft an Locke an, der in seinem "Second Treatise" davon ausgeht, daß den Menschen das Recht auf Leben, Gesundheit, Freiheit und Besitz gegeben sei. Das nennt Locke "Eigentum". Dabei ist das Recht auf Verteidigung des Eigentums und, im Falle einer Verletzung dieser Rechte, das Recht auf Entschädigung inbegriffen.[53] Hier werden jedoch Normen vorgegeben, anstatt sie zu begründen.

Die Vertragstheorien sind individualistische Theorien. Sie stehen in der liberalistischen Tradition der Staatsphilosophie, die unter dem Schlagwort vom "Nachtwächterstaat" (vielleicht zu Unrecht) in Verruf geraten ist, weil damit große soziale Ungleichheiten verbunden sein können. Ob diese Ungleichheiten aber Ungerechtigkeiten sind, hängt vom Gerechtigkeitsbegriff ab. Bei Rawls sind die Fähigkeiten der einzelnen ein Kollektivgut, so daß jede den Gebrauch

---

[48] Buchanan (1975) 66f, 130ff.

[49] Ebd. 28, 68.

[50] Ebd. 35ff.

[51] Gauthier (1986) 118.

[52] Ebd. 174ff.

[53] Nozick (1974) 10; Locke (1690) 289, sect. 6.

der eigenen Fähigkeiten zum eigenen Nutzen gegenüber der Gesellschaft zu rechtfertigen hat. Eine individualistische Vertragstheorie verlangt dagegen eine solche Rechtfertigung nicht. Eine Verpflichtung des Individuums, zum sozialen Ganzen beizutragen, besteht nicht. Die Rechtfertigung von moralischen Normen geschieht mit Hinweis auf die Vorteilhaftigkeit kooperativer Verhaltensstrategien.

4.5 Weitere Ansätze zur Normenbegründung

a) Diskursethik

Die bisher vorgestellten Theorien leiten Normen aus einer Begriffsbestimmung des Guten (Nutzenmaximierung) oder Rechten (Theorie der Gerechtigkeit) ab oder versuchen, formale Kriterien für moralische Normen anzugeben (Universalisierung). Voraussetzungslose Begründung wird von diesen Theorien nicht beansprucht. Das gilt auch für die Vertragstheorien, die den methodologischen Individualismus voraussetzen. Die Diskursethik erhebt dagegen einen in dieser Hinsicht höheren Anspruch: Moralische Normen können aus Voraussetzungen begründet werden, die praktisch unhintergehbar sind.

Moralische Normen werden gesellschaftlich bestimmt und legitimiert. Im Diskurs, einem gesellschaftlichen Diskussionsprozeß, der sich auf theoretische oder praktische Fragen beziehen kann, werden Geltungsansprüche aufgestellt, bestritten oder verteidigt, bis ein Konsens erreicht ist. Dabei ist allerdings nicht das faktische Bestehen eines Konsens das eigentliche Kriterium für die Richtigkeit einer Norm,[54] sondern, daß der Diskurs, der zum Konsens führt, bestimmten formalen Bedingungen genügt. Es muß eine ideale Sprechsituation bestehen, in der alle Teilnehmer gleichgestellt sind und die Diskursebenen frei gewählt werden können.[55] Weitere Bedingungen werden bei Habermas durch eine Theorie der rationalen Argumentation geliefert.[56] Ethik wird als Logik der moralischen Argumentation aufgefaßt.[57] Die formalen Bedingungen des Diskurses können ihrerseits nicht wieder diskursiv begründet werden, da das in einen Begründungsregreß führen würde. Die Bedingungen sind Bedingungen der Möglichkeit des Diskurses überhaupt. Jeder, der am Diskurs teilnimmt,

---

[54] Vgl. Habermas (1973) 239.

[55] Ebd. 255.

[56] Dabei greift Habermas auf Ideen von Toulmin (1958) zurück; darin besonders Chapter 3, 94ff.

[57] Habermas (1983) 67.

muß sie, will er einen Selbstwiderspruch vermeiden, anerkennen.[58] Dieses Begründungsschema wird transzendentale oder auch transzendental-pragmatische Begründung genannt.

Habermas gibt vier Schritte für den Verlauf des Diskurses an, und zwar zunächst für den theoretischen Diskurs der Tatsachenfeststellung in den empirischen Wissenschaften:[59]

(i) Infragestellung des Geltungsanspruchs einer Behauptung (Eintritt in den Diskurs)
(ii) Angabe eines Arguments für die Behauptung (theoretischer Diskurs)
(iii) Abwägung der Angemessenheit des Arguments (metatheoretischer Diskurs)
(iv) Systematische Veränderung von Begriffsbildung und Argumentationsregeln durch Reflexion auf Erkenntnisinteressen (Erkenntniskritik)

Der praktische Diskurs der Normenbegründung wird analog dazu rekonstruiert:

(i) Infragestellung des Geltungsanspruchs von Geboten/Verboten (Eintritt in den Diskurs)
(ii) Angabe einer Rechtfertigung der Gebote/Verbote (praktischer Diskurs).
(iii) Abwägung der Angemessenheit der Rechtfertigung (metaethischer Diskurs)
(iv) Systematische Veränderung der Rechtfertigungsbedingungen durch Reflexion auf Bedürfnisse (Bedürfniskritik)

Der Geltungsanspruch des theoretischen Diskurses wird als Wahrheit, der des praktischen Diskurses als Richtigkeit bezeichnet. Hier sind empirische und normative Fragen zwar terminologisch getrennt, durch die Analogie bei der Feststellung der Geltungsansprüche wird jedoch die Nähe der Begriffe "Wahrheit" und "Richtigkeit" betont. Ziel dieser Argumentation ist die Aufwertung von Normen zu Sätzen mit der gleichen Kraft der Geltung, wie sie auch empirische Sätze beanspruchen können. Habermas' Theorie wendet sich damit vor allem gegen empiristische Auffassungen, die Normen entweder für nicht-begründungsfähig halten oder nur in einem gegenüber empirischen Sätzen abgeschwächten Sinn. Das Hauptproblem von Habermas' Auffassung scheinen die Bedingungen der idealen Sprechsituation zu sein. Die Chancengleichheit der Teilnehmer auf allen Ebenen des Diskurses mag noch eine

---

[58] Ebd. 93ff. Vgl. auch Apel (1973) 358ff.

[59] Für das folgende Habermas (1973) 252ff.

Idealisierung sein, deren *Möglichkeit* für uns vorstellbar ist, so daß ein Diskurs rekonstruierbar ist, mit dem eine Norm hypothetisch gerechtfertigt werden kann. Diese Rechtfertigung bleibt aber an die historische Situation gebunden. Habermas will der historischen Relativität von Wahrheit und Richtigkeit dadurch entgehen, daß er Menschen aller Generationen zu Diskursteilnehmern erklärt.[60] Damit ist die Feststellung eines Geltungsanspruchs auf unbestimmte Zeit vertagt, und *wir* können zu dieser Frage nichts oder nur sehr vorläufiges beitragen.

b) Konstruktive Normenbegründung

Das Programm der konstruktiven Normenbegründung der Erlanger Schule hat zwei wesentliche Aspekte mit der Diskursethik gemein. Es geht 1. von der Möglichkeit rationaler Urteile über Werte und Normen aus, und 2. besteht praktische Vernunft aus der Anerkennung bestimmter Argumentationsregeln.[61] Allerdings ist das Programm der Konstruktivisten in bezug auf die Gültigkeit von Argumentationsregeln strenger. Sämtliche Regeln werden nach bestimmten Verfahren aus einer Minimallogik gewonnen. Diese Minimallogik wird nicht selbst begründet. Wer an der Diskussion teilnimmt, stimmt ihr durch Entschluß zu.[62] Für die praktische Philosophie wurde von Schwemmer daraus die Forderung der Lehrbarkeit von Normen abgeleitet. Das Lehren setzt vor allem eine gemeinsame Verwendung der Sprache voraus.[63] Die Argumentationsregeln sind durch den eben genannten Entschluß in Kraft, während die Wortverwendung (Vokabular) durch Konvention festgelegt wird. Vor diesem Hintergrund bedeutet *Lehren*, daß zu "den vorgeschlagenen Handlungen zugleich Methoden angeboten (werden), nach denen die Regeln, denen die Handlungen folgen oder folgen sollen, auf ihren *Zweck* hin überprüft werden können."[64] Lehrbarkeit ist die schrittweise Nachvollziehbarkeit der Argumentation. Darüber, welcher Art die Zwecke sind, sagt Schwemmer nichts. Es ist nicht die Aufgabe der Ethik, die Zwecke zu bestimmen, sondern die Zwecke bestimmen die Aufgabe der Ethik.[65] Ethische Untersuchungen zur Aufstellung

---

[60] Habermas (1973) 219.

[61] Kambartel (1974) 9f.

[62] Lorenzen (1969) 73ff. Vgl. auch Marggraf (1989) 61ff.

[63] Schwemmer (1973) 161.

[64] Ebd.

[65] Ebd. 162.

und Begründung von Normen dienen dazu, bessere Möglichkeiten zur Verwirklichung unserer Zwecke zu schaffen.

Aus drei Gründen können Schwierigkeiten auftreten, wenn wir unsere Zwecke erreichen wollen:

(i) Mangel an Mitteln
(ii) Unverträglichkeit von Zwecken
(iii) Mißverständnisse in der kommunikativen Praxis

(iii) weist auf die Bedeutung gemeinsamen Sprachverständnisses hin, das auch für die Probleme der Art (i) und (ii) entscheidend ist. In bezug auf (i) kann durch die Bereitstellung technischen Wissens ein Beitrag geleistet werden. (ii) betrifft einen zentralen Punkt ethischer Theorie, die Konfliktlösung. Normen und Normenbegründung erfüllen den *Zweck der Konfliktbeseitigung.*[66]

Um noch einmal einen Vergleich zu Habermas zu ziehen: Normenbegründung ist eng an sprachliches Verhalten gekoppelt. Im Falle der Diskursethik werden die sprachlichen Bedingungen von Erkenntnis und Bedürfnissen (Zwecken) im Diskurs der Kritik unterzogen. Konstruktivistische Ethik kritisiert die Zwecke nicht, sondern geht von ihnen aus. Sie ist daher mit einem methodologischen Individualismus vereinbar.

Zur Sicherung eines intersubjektiven Geltungsanspruchs dient bei Habermas der Konsens im idealen Diskurs. Bei Schwemmer wird diese Funktion von der Lehrbarkeit von Normen und Normenbegründungen erfüllt.

c) Eine Theorie der moralischen Motivation

Die Position, die in diesem Abschnitt kurz vorzustellen ist, ist von E. Tugendhat und U. Wolf gemeinsam, d.h. in ständiger Auseinandersetzung, entwickelt worden. Ausgangspunkt der Überlegungen Tugendhats zur Ethik ist die Frage, was eine moralische Norm ist. Als Antwort findet Tugendhat: Moralische Normen sind Regeln, die einerseits gesellschaftlich sanktioniert und andererseits mit einem spezifischen Begründungsanspruch verbunden sind. Die Begründetheit ist das, was Moralität ausmacht - die Begründungsfrage stellt daher in der ethischen Theorie Tugendhats den Mittelpunkt dar. Ethik als Wissenschaft beschäftigt sich mit der Begründung von Moral. Bis zu diesem Punkt besteht Konsens zwischen den verschiedenen ethischen Theorien. Allerdings wird die Begründungsfrage aus methodisch völlig anderer Sicht

---

[66] Ebd. 163.

angegangen. Humes Diktum, daß aus dem Sein kein Sollen ableitbar ist, das sonst allgemeine Anerkennung erfährt, wird außer Kraft gesetzt.[67] Was mit moralischem Sollen gemeint ist, ergibt sich aus der gesellschaftlichen Praxis. Es gibt keine Pflichten, die etwas Höherem geschuldet sind und im Rückgriff darauf gerechtfertigt werden könnten. Insofern bestimmt das gesellschaftliche Sein das Sollen. Die philosophischen Normenbegründungsprogramme der neueren Zeit haben sich zwar vom theologischen Dogmatismus gelöst, sind aber in ihrem Anspruch noch immer emphatisch überhöht.[68] Wenn das richtig ist, und die "bindende Kraft des moralischen "soll" als Relikt einer autoritären Auffassung von Moral"[69] anzusehen ist, ist kein Platz mehr für eine Normenbegründung, die über das vernünftige Wahrnehmen der eigenen Interessen hinausgeht.[70] Das ist allerdings nicht der Standpunkt von Tugendhat und Wolf. Es geht ihnen nicht darum, ein gut begründetes System von Imperativen zu entwerfen, sondern ihnen ist vor allem an einer Rekonstruktion des Moralbegriffs gelegen. Den Konzeptionen der Vertragstheorie oder der Diskursethik fehlt, nach Tugendhat, das spezifisch Moralische. Sie konstituieren eher ein Rechtssystem, in dem eine bestimmte gesellschaftliche Praxis ausgehandelt bzw. im Diskurs legitimiert wird.[71] Zu dieser gesellschaftlichen Praxis gehören Sanktionen, die diejenigen treffen, die einer Norm zuwider handeln.[72] Auch moralische Normen sind an Sanktionen geknüpft. Diese Sanktionen sind aber interne, wie etwa ein Schuldgefühl, während die Sanktionen bei Verstößen gegen Rechts- und andere soziale Normen etwa Strafe oder Tadel sind.[73] Um den Unterschied noch deutlicher zu machen: "Von jemandem, der Normen nur aufgrund externer Gründe befolgt, sagt man, daß er unter einem 'lack of moral sense' leidet; er ist nicht in der Lage das Wort 'moralisch' zu verstehen."[74] Im folgenden stehen Tugendhat und Wolf vor dem Problem, den Begriff der internen Sanktion zu erläutern. An dieser Stelle erfolgt nun der Rückgriff auf

---

[67] Tugendhat (1984) 4. Vgl. dazu auch vom Kap. 2.2, S.36ff.

[68] Wolf (1984) 3f bezieht sich dabei vor allem auf den Aufsatz von Anscombe (1969).

[69] Wolf (1984) 5.

[70] Vgl. dazu auch Foot (1972) 310ff.

[71] Tugendhat (1984) 134.

[72] Zur Geltung einer Norm gehört die Anerkennung der Sanktion. "Daß eine Regel in einer Gesellschaft gilt, heißt, daß die Personen, die zu dieser Gesellschaft gehören, ihr gemäß handeln *müssen* in dem Sinn, daß sie, wenn sie nicht so handeln, sanktioniert werden." Tugendhat (1986) 28; Hervorhebung im Original

[73] Tugendhat (1984) 133.

[74] Tugendhat (1986) 32. Vgl. auch Tugendhat (1984) 154. Diese Sichtweise ist ganz analog zu Kants Unterscheidung zwischen moralkonformem und moralischem Handeln.

empirisch-psychologische Fakten. Die interne Sanktion bei einem Verstoß gegen eine moralische Regel ist ein Verlust an Selbstachtung, der mit dem Willen zu leben unvereinbar ist.[75] Dieser Sanktionsmechanismus wird im Sozialisationsprozeß erworben. Wie dies geschieht und wie er im Detail wirkt, ist eine rein empirische Frage.[76]

[75] Tugendhat (1986) 33. Allerdings scheint Tugendhats Argument fehlerhaft zu sein. Aus (1) <A's Wille zu leben, setzt voraus, daß x A liebt> und aus (2) <Daß x A liebt, setzt voraus, daß x A als Person schätzt> folgt nicht (3) <A's Wille zu leben, setzt voraus, daß A sich selbst als Person schätzt>, sondern nur: <A's Wille zu leben, setzt voraus, daß es jemanden gibt, der A als Person schätzt>.

[76] Vgl. ebd. 34. Auch in diesem Punkt ist eine inhaltliche Nähe zu Kant sichtbar. Bei Kant (1785) 401 (in der Fußnote) wird das Gefühl der Achtung als "Triebfeder der Moral" eingeführt. Einige Beiträge zu empirisch psychologischen Fragen finden sich in Edelstein/Nunner-Winkler (Hg., 1986). Besonders hinzuweisen ist auf die Arbeiten von Kohlberg; dazu Levine et al. (1985) und die dort angegebene Literatur.

5. Die Begründung von Tier- und Artenschutznormen

5.0 Überblick und Vorgehen

Nachdem in Kap. 4. die Begründungsprogramme für moralische Normen in ihren Grundzügen skizziert worden sind, soll im folgenden geklärt werden, ob und wie Probleme des Tier-[1] und Artenschutzes in den einzelnen Theorien behandelt werden bzw. behandelt werden können. Darauf aufbauend sollen dann spezielle Tier- und Artenschutznormen abgeleitet und diskutiert werden. Dieses Vorgehen beinhaltet, daß bereits angeschnittene oder erwähnte Probleme jetzt im Zusammenhang mit der Tier- und Artenschutzfrage noch einmal diskutiert werden. Dies geschieht in zwei Absichten: erstens, weil dabei deutlich wird, welche Probleme für eine Begründung von Tier- und Artenschutznormen relevant sind; zweitens, und dies ist der wichtigere Aspekt, können *am Beispiel* des Begründungsproblems von Tier- und Artenschutznormen Problemstrukturen herausgearbeitet werden, die von grundlegender Bedeutung sind. Es wird daher nötig sein, vom Spezielleren auch immer wieder auf das Allgemeine zurückzukommen.

In 5.2 nehme ich die Gedanken a) des Utilitarismus, b) von Rawls' Theorie und c) der Vertragstheorien wieder auf. Diese Positionen sind, bei aller Verschiedenheit, historisch und methodisch verwandt. Ihre gemeinsame Wurzel haben diese Positionen in der Aufklärung und im englischen Empirismus. Dem Gedanken der Aufklärung entspringt das methodische Prinzip des Individualismus. Es besagt, wie gesehen, daß die Geltung moralischer Normen nur durch Rekurs auf individuelle Werte, genauer durch Rekurs auf die individuellen Werte *aller*, gerechtfertigt werden kann. Das empiristische Element dieser Ethiken ist die Bezugnahme auf die realen physischen oder psychischen Lebensbedingungen (Wohlfahrt und Wohlbefinden) der einzelnen. In den

[1] In der einschlägigen angelsächsischen Literatur wird der Begriff "animal" oft in seiner biologischen, den Menschen einschließenden, Bedeutung verwendet. Tiere werden dann als "non-human-animals" bezeichnet. Ich verwende das Wort "Tiere" aber, dem allgeinen Sprachgebrauch folgend, so, daß Menschen nicht unter diesen Begriff fallen.

Abschnitten 5.2-5.4 werden nur Normen, die sich auf Individuen beziehen, betrachtet. Artenschutznormen müssen nach dem Grundsatz des methodologischen Individualismus grundsätzlich anders begründet werden als Tierschutznormen.[2] Die Artenschutznormen werden in 5.5 betrachtet.

Die Idee einer "reinen" Universalisierungstheorie wird nur noch einmal kurz gestreift, da formale Kriterien nicht hinreichen, um inhaltliche Bestimmungen von Normen zu geben. Universalisierung spielt aber in der Kombination mit anderen Prinzipien eine wichtige Rolle und ist konstitutiver Bestandteil von moralischen Normen überhaupt. Im Abschnitt 5.2 ist also a) der Beitrag des Utilitarismus zur Tierschutzfrage zu bestimmen. Bei Rawls b) findet sich zur Frage von Tierschutznormen nichts. Es soll untersucht werden, ob und, wenn ja, welche Normen sich mit dem Rawls'schen Ansatz gewinnen lassen. Dazu wird der "Schleier des Nichtwissens", der den Urzustand charakterisiert, weiter zugezogen. Die Vertragstheorien c) konstruieren Normen als Ergebnis hypothetischer Verhandlungen. Dabei können alle Individuen einbezogen werden, insofern wir sinnvoll sagen können, daß sie Interessen haben.

In 5.3 werden Ansätze zur Präzisierung ethischer Theorien skizziert. Dazu wird das Instrumentarium der Social-Choice Theorie vorgestellt und gezeigt, wie es für die Frage nach den Normen des Tierschutzes nutzbar gemacht werden kann.

In Abschnitt 5.4 und 5.5 ziehe ich ein Resümee und schlage in bezug auf einige wichtige Fragen des Tier- und Artenschutzes Normen vor.

Zunächst (in 5.1) komme ich jedoch auf die unter 4.5 genannten Begründungsansätze zurück, die einen anthropozentrischen Ansatz beinhalten und die für die anschließenden Betrachtungen keine weitere Rolle spielen.

5.1 Die Unmöglichkeit einer anthropozentrischen Normenbegründung

Der Universalisierungsgrundsatz liefert ein Argument, das vor allem von P. Singer vorgetragen wird: Wir müssen Tiere, oder besser, alle Individuen, mit der gleichen Rücksichtnahme behandeln wie Menschen, solange nicht eine bestimmte Eigenschaft der Individuen oder die Umstände eine andere Behand-

---

2 "Tierschutznormen" meint stets Normen, die sich auf einzelne Tiere beziehen. Die Überlegungen hierzu gelten *im Prinzip* auch für den Schutz *einzelner* Pflanzen. Der Schutz von Tierarten fällt unter die Bezeichnung "Artenschutz".

lung erfordern oder zulassen.[3] Nach diesem Argument muß jede anthropozentrische Ethik[4] als inadäquat erscheinen.

Betrachten wir nun den Universalisierungsgrundsatz noch einmal detaillierter. Er lautet in der Formulierung von M.G. Singer:

> "Was für einen richtig ist, muß auch für jeden anderen mit ähnlichen individuellen Voraussetzungen und unter ähnlichen Umständen richtig sein."[5]

Demnach ist Gleiches gleich zu behandeln, und unterschiedliche Behandlung kann nur durch Unterschiede gerechtfertigt werden. Die Unterschiede, um die es hier geht, sind keinesfalls beliebige, sondern nur in bestimmter Weise ausgezeichnete Unterschiede. So sollte eine Ärztin Unterschiede bei der Behandlung nicht vom Einkommen, sondern von den Krankheiten der Patienten abhängig machen. Das Finanzamt hingegen sollte nicht die Krankheiten, sondern das Einkommen bei der Festlegung der Steuerschuld heranziehen. Das Beispiel ist trivial, aber es macht klar, worum es geht. Es gilt, die *moralisch relevanten* Unterschiede anzugeben.[6] Die meisten Fälle sind aber viel weniger klar als das genannte Beispiel. Es ist nicht leicht, *allgemein* anzugeben, was einen Unterschied zu einem moralisch relevanten Unterschied macht. Ein erster hilfreicher Hinweis findet sich bei Rachels:

> "Whether a difference between individuals justifies a difference in treatment depends on the kind of treatment that is in question. A difference that justifies one kind of difference in treatment need not justify another."[7]

Eine Handlung muß Unterschiede berücksichtigen, wenn die Unterschiede für die Folgen der Handlung bestimmend sind.[8] Der Erfolg einer bestimmten ärztlichen Therapie hängt eben gerade nicht vom Einkommen, sondern von der Art des Leidens des Patienten ab. Es sind kausale Beziehungen, die bestimmen, welche Unterschiede moralisch relevant sind. Aber diese Bestimmung reicht nicht aus. Welchen Unterschieden sollen wir Rechnung tragen? Betrachten wir

---

3 P. Singer (1979) 48ff.

4 Siehe dazu die Begriffsbestimmung in Kap. 1.2 e), S.13.

5 M.G. Singer (1961) 35; im Original zum Teil kursiv. Ähnlich auch ebd. 25.

6 In der Literatur finden sich zahlreiche Beispiele, um den genannten Punkt zu illustrieren; z.B. P. Singer (1979) 25ff und 28ff, M.G. Singer (1961) 49ff und 114f und Mackie (1977) 107f.

7 Rachels (1987) 106; im Original kursiv. Dazu auch Barrow (1982) 6ff und Rollin (1983) 108ff.

8 Es ist klar, daß man einen solchen Handlungsbegriff kritisieren kann und statt dessen Handlungen von vornherein von den Folgen her klassifiziert. Diesen Gedanken will ich hier aber nicht weiter verfolgen.

noch einmal ein Beispiel von M.G. Singer:[9] Die Stelle eines Botschafters für das Land Erewhon ist zu besetzen. Zunächst gibt es keinen Grund, eine Person, etwa wegen ihrer Haarfarbe, als Bewerberin auszuschließen. Wenn aber bekannt wird, daß in Erewhon dunkelhaarige Menschen besonders geachtet sind, berechtigt das, bestimmte Personen auszuschließen. Ein *guter* Botschafter für Erewhon muß eben dunkle Haare haben. Hier bricht M.G. Singer seinen Gedanken ab und läßt die Bestimmung von "gut" offen. Was ein guter Botschafter ist, kann man aber nur mit Blick auf die Folgen verstehen. Die Einbeziehung von Folgen verweist die Universalisierungstheorie aber zurück auf den Utilitarismus oder eine andere teleologische Ethik, wogegen M.G. Singer sich explizit wendet.[10] Man kann das Universalisierungsprinzip gar nicht verstehen, solange ungeklärt ist, was "ähnlich" heißt bzw. was ein relevanter Unterschied ist. Um ein sinnvolles Prinzip zu etablieren, kann Ähnlichkeit nur mit Blick auf die Folgen verlangt werden. Die Universalisierungstheorie braucht also einen Vorbegriff von dem, was gute Folgen sind. Danach scheint das Prinzip bestenfalls überflüssig, da es voraussetzt, was es zu begründen vorgibt: den Begriff des Richtigen oder Guten. Im schlimmeren Fall führt das Prinzip zu Verirrungen, die sich aus seiner logischen Schwäche ergeben. In der Form "Wenn jeder x tun würde, wären die Folgen verheerend; deshalb sollte niemand x tun"[11] ist das Prinzip schlicht falsch, denn es folgt aus der Prämisse nur, daß nicht alle x tun sollen. Es ist dagegen möglich, daß einige x tun sollen. Die Schwierigkeit, mit der M.G. Singer sich auf 40 Seiten auseinandersetzt,[12] ist es, für den Fall, daß es ebenfalls verheerend ist, wenn niemand x tut, einige, die x tun sollen, auszuzeichnen. Die Auszeichnung kann mit Rückgriff auf die Folgen geschehen. Ein Blick auf die ökonomische Theorie hätte M.G. Singer gezeigt, daß etwa für die Frage nach der richtigen Zusammensetzung der Produktion[13] die Grenzproduktivitäten das gesuchte Kriterium abgeben.[14]

Dennoch ist das Universalisierungsprinzip nicht so überflüssig, wie es scheint. Nehmen wir einmal an, es sei möglich, die Folgen einer Handlung für die einzelnen zu spezifizieren, und es sei unstrittig, daß die Nutzen den

---

[9] M.G. Singer (1961) 49ff.

[10] Ebd. 232.

[11] Ebd. 86.

[12] M.G. Singer (1961) 86ff (Kapitel IV).

[13] Vgl. M.G. Singer (1961) 103ff.

[14] Dies gilt, wenn die Produktionsfunktion abnehmende Grenzproduktivitäten aufweist.

Maßstab zur Beurteilung einer Handlung abgeben. Das utilitaristische Prinzip, die Nutzen zu aggregieren, beinhaltet dann gerade eine Universalisierung. Das Universalisierungsprinzip ist für den Utilitarismus unverzichtbar, da beliebige andere Verfahren, eine Handlung zu beurteilen, denkbar sind, bspw. eine Diskontierung der Nutzen nach dem Grad der Verwandtschaft[15]. Das Prinzip "Was für mich gilt, muß auch für andere gelten" kann nur *Universalisierungsprinzip* genannt werden, wenn es sich auf *alle* anderen bezieht. Ist dies nicht der Fall, so beschreibt es einen Gruppenegoismus.

Für die Tierschutznormen bedeutet das Universalisierungsprinzip, daß wir Tiere gleich behandeln sollen, sofern sie den Menschen gleich sind, und anders behandeln sollen, sofern es einen Unterschied gibt. Welche Unterschiede hier zählen, hängt von den Folgen der Handlung ab; genauer: von den Folgen für die Wohlfahrt der einzelnen Subjekte. Wir stehen hier vor einem Aggregationsproblem, auf das später noch einzugehen sein wird. An dieser Stelle genügt es, einige plausible (nicht beweisbare) Grundannahmen zu treffen.[16] Eine davon ist die Überzeugung, daß Menschen untereinander und auch den Tieren in bestimmten Hinsichten ähnlich sind. Wir interpretieren nach dieser Annahme das Verhalten von Tieren (wie auch das von Menschen) gemäß eines Analogieschlusses. Erkenntnisse der Ethologie, Psychologie und (Neuro)physiologie aber auch der Wissenschaftstheorie, Sprachphilosophie und praktischen Philosophie[17] stützen diese Analogien oder lassen in manchen Fällen Zweifel aufkommen. Wenn ein Hund jault, nachdem er getreten wurde, werden wir das nach dieser Grundannahme als ein Zeichen von Schmerz interpretieren. Ebenso weisen Verhaltensabnormitäten bei landwirtschaftlichen Nutztieren auf Schmerzen oder unbefriedigte Bedürfnisse hin. Viele Tiere haben zu wenig Bewegung, werden unangemessen ernährt oder fast ständig im

---

[15] Vgl. etwa Hume (1739/40) 483f. Die Soziobiologie vertritt die Ansicht, daß eine Moral dieser Art die meisten Gesellschaften prägt. P. Singer (1981) beschreibt die Entstehung moralischer Gefühle als entwicklungsgeschichtlichen Prozess, der vom Egoismus ausgehend, über einen gruppenbezogenen Altruismus hin zum Universalismus tendiert.

[16] Johnson (1983) betont die Unbeweisbarkeit solcher Annahmen und kommt zu einem skeptischen Schluß bezüglich der Wahrheitsfähigkeit moralischer Normen.

[17] Diese Aufzählung beansprucht keine Vollständigkeit. Daß ich die Sprachphilosophie hier nenne, mag verwundern. Ich denke hier vor allem an die Diskussion um die Theorie der mentalen Repräsentationen. Dazu gibt Fodor (1985) einen Überblick. Damit in engem Zusammenhang steht die Frage, welche Arten von Individuen Überzeugungen und Wünsche haben. Vgl. dazu Wittgenstein (1953) besonders §§ 281ff, Putnam (1964), Searle (1969), Stich (1979), (1983), Davidson (1982), (1984) und Beckermann (1989). Sprachphilosophische Überlegungen haben darüberhinaus Bedeutung für die Wissenschaftstheorie.

Dunkeln gehalten.[18] In den Wörtern "zu wenig" und "unangemessen" stecken die Überzeugungen, die wir aus den genannten Analogien gewinnen. Ohne diese Analogien kommt auch eine Ethik der zwischenmenschlichen Beziehungen nicht aus. Hier sind sie aber fraglos akzeptiert. Aus dem Verhalten unserer Mitmenschen ziehen wir Rückschlüsse auf deren Befinden. Wir interpretieren Verhalten von Menschen und Tieren, indem wir unterstellen, daß wir die, vor dem Hintergrund des Beobachteten, größtmögliche Zahl von Überzeugungen und Empfindungen mit ihnen gemeinsam haben.[19]

Eine anthropozentrische Ethik wäre außerdem mit den Erkenntnissen der Evolutionsbiologie unvereinbar. James Rachels bemerkt dazu:

> "After Darwin we can no longer think ourselves as occupying a special place in creation - instead, we must realize that we are products of the same evolutionary forces that shaped the rest of the animal kingdom. We are not a great work. We are created from animals. And this, it is said, has deep philosophical significance."[20]

Die philosophische Bedeutung des Darwinismus für die Frage nach dem Status der Tiere in der Ethik[21] liegt vor allem darin, daß den Menschen, jedenfalls qua Zugehörigkeit zur Gattung, keine Sonderstellung mehr zukommt.

Gibt man dies zu, so stellen sich aber einige schwierige Fragen. Sind alle Tiere gleichermaßen fähig zu Lust- und Unlustgefühlen? Sind ein glücklicher Mensch, eine glückliche Kuh und ein glückliches Huhn gleich zu bewerten? Diese Fragen bringen uns in ein Dilemma. Lautet die Antwort "nein", wie ist das zu begründen? Die naheliegende Begründung ist, daß Menschen komplexer aufgebaut sind und differenziertere Gefühle haben als Kühe. Das entsprechende gilt für den Vergleich zwischen Kühen und Hühnern, Hühnern und Würmern usw. Aber wer sagt uns, daß differenziertere oder mit Selbstbewußtsein verbundene Gefühle mehr zählen als einfache? Das Problem verschiebt sich,

---

18 Auf den Beleg einzelner Fälle kann ich hier verzichten. Es sei aber auf das dritte Kapitel von P. Singer (1975) verwiesen, das den Titel "Down on the Factory Farm... or what happened to your dinner when it was still an animal" trägt.

19 Dieser Grundsatz wird in der Sprachphilosophie "principle of charity" genannt. Ohne ihn kann überhaupt kein Begriff des Verstehens entwickelt werden. Vgl. Davidson (1973).

20 Rachels (1987) 98.

21 Für andere Bereiche der praktischen Philosophie hat der Darwinismus ebenfalls Bedeutung erlangt. Rachels (1987) 98 zitiert die marxistische Politikwissenschaft. Danach stellt der Darwinismus die "wissenschaftliche Basis" für die Prognose des Sieges des Sozialismus dar. Ein anderes Beispiel wäre Hayeks Theorie des institutionellen Wandels. Dazu Hayek (1973) und Walker (1986) 27ff.

und letztlich fällen wir ein nicht weiter begründetes und nicht weiter begründbares Werturteil, das obendrein dem Verdacht des Sozialdarwinismus ausgesetzt ist.[22] - Lautet die Antwort "ja", so kommen wir zu dem unplausiblen Ergebnis, daß nicht nur Menschen, Kühe und Hühner, sondern auch Schnecken, Würmer und Amöben gleichwertig mit berücksichtigt werden müssen.[23] Ein Ausweg aus dem Dilemma wird versucht, indem man Menschen, Tieren oder auch anderen Individuen Präferenzen zuschreibt. Wie man bei Personen von ihrem (als rational unterstelltem) Verhalten auf ihre Präferenzen schließen kann, so kann man dies auch bei Tieren. Sie versuchen, Gefahren zu vermeiden, und sie zeigen bei Unzufriedenheit, Schmerz und Angst Bemühungen, diesen Situationen zu entgehen. Wie die Zuschreibung von Präferenzordnungen für eine Begründung von Normen nutzbar gemacht werden kann, darauf werde ich unter 5.3 zurückkommen.

Aus dem bisher Gesagten dürfte klar geworden sein, daß eine anthropozentrische Begründung für Tierschutznormen ausgeschlossen ist, sobald man das Universalisierungsprinzip anerkennt. Die Empfindungsfähigkeit von Individuen ist das entscheidende Kriterium, aus dem sich Verpflichtungsgründe für unser Handeln ergeben. Die Begründung auf andere Merkmale, wie Vernunft oder Freiheit, zu gründen, wie dies anthropozentrische Ansätze tun, wird den Folgen des Handelns nicht gerecht. Die diskursive Normenbegründung der Frankfurter und der Erlanger Schule benutzt ebenfalls ein Universalisierungsprinzip. Bei Habermas ist es in der idealen Sprechsituation, bei Schwemmer in der Forderung nach der Lehrbarkeit der Normen enthalten. Diese Art der Universalisierung bezieht sich aber nicht auf Wohlfahrt oder Wohlbefinden der einzelnen, sondern auf die an Sprache geknüpfte Möglichkeit, an der Bildung gesellschaftlicher Normen teilzunehmen. Die Sprachfähigkeit eines Individuums ist hier eine notwendige Bedingung für seine Anerkennung als moralisches Subjekt. Wenn Sprachfähigkeit und nicht etwa Schmerzempfinden von einem moralischen Subjekt verlangt wird, bedarf dies einer Begründung.[24] Die Begründung könnte darin bestehen, daß eben nur sprachfähige Wesen überhaupt Normen festlegen können. Eine solche Begründung verkennt aber, daß das Festlegen von Normen nicht auch schon ihre Rechtfertigung ist. Bei

---

[22] Hoff (1980) 577: "Social Darwinism was an ethical theory, that sought to deduce moral rules from the 'facts' of nature." Vgl. auch Kap. 2.2, S.36ff zum naturalistischen Fehlschluß.

[23] Diesen Standpunkt würde ich "naiven Biozentrismus" nennen. Ein Vertreter dieser Richtung ist Schweitzer (1923). Seine "Ethik der Ehrfurcht vor dem Leben" findet sich in Kap XXI. Als Arzt hat sich Schweitzer jedoch stets für die Menschen und gegen die Mikroorganismen entschieden.

[24] Denn dies steht ganz im Gegensatz zu Benthams Einsicht; vgl. unten Anmerkung 38.

einigen Normen kann Sprachfähigkeit durchaus das entscheidende Kriterium sein, etwa im Falle politischer Rechte. Sie ist aber kein generelles Kriterium. Wenn man von Ausnahmen absieht, verfügen zwar die Menschen über Sprachfähigkeit, aber nicht die Tiere. Die diskursive Normenbegründung verfährt daher anthropozentrisch, und dies kann als Einwand gegen diese Art der Begründung gelten, wo andere als politische Normen begründet werden sollen.

Der Tugendhat-Wolf'sche Ansatz zur Begründung von Moral unterscheidet sich von anderen Ansätzen dadurch, daß nicht rechtfertigende Gründe, sondern Motive für die Akzeptanz einer Norm gesucht werden.[25] Wolf diskutiert diesem Ansatz folgend die beiden Fragen "Brauchen wir eine ökologische Ethik?"[26] und "Haben wir moralische Verpflichtungen gegen Tiere?"[27] Ohne eine Antwort auf die Fragen zu geben, beschreibt sie Motivationen, die moralische Normen begründen. Die Normen, die sich auf ökologische Probleme beziehen, werden durch drei Arten von Motiven begründet:[28] 1. Aus Eigeninteresse ist es sinnvoll, a) langfristig zu denken, b) kollektive Interessen und c) Risiken zu berücksichtigen.[29] 2. Aus dem Gefühl der Achtung für andere Personen und aus der Sorge um das Wohl der Nachkommen ergibt sich Rücksichtnahme auf andere, einschließlich der Mitglieder künftiger Generationen.[30] 3. In bezug auf moralische Normen gegenüber Tieren, Pflanzen und der übrigen Natur sind noch zwei Fälle zu unterscheiden:[31] a) Tiere, die als Gegenstand unseres Mitleids auch "Gegenstände moralischer Rücksicht"[32] sind und b) Pflanzen und die übrige Natur, die nicht als Gegenstände moralischer Rücksicht gelten können, da wir nicht bei allen Menschen eine Einstellung der Ehrfurcht vor dem Leben unterstellen können.[33]

Auch die Tugendhat-Wolf'sche Motivationsethik ist im Kern anthropozentrisch, da sie Gefühle der Menschen zum Ausgangspunkt der Überlegungen

---

25 Während ich sonst Begründung und Rechtfertigung synonym verwende, ist hier ein Unterschied zu machen. "Rechtfertigung" meint hier die Angabe von Vernunftgründen; "Begründung" meint die Angabe der Handlungsmotivation.

26 Wolf (1987). Zu dieser grundsätzlichen Frage vgl. auch die einschlägigen Aufsätze Krieger (1973), Regan (1981b) und Callicott (1984).

27 Wolf (1988).

28 Wolf (1987) 156.

29 Ebd. 157ff.

30 Ebd. 162ff, (1988) 226ff.

31 Wolf (1987) 164ff.

32 Ebd. 166. Vgl. auch Wolf (1988) 231.

33 Wolf (1987) 167. Das mag zum Teil auch durch unseren Wissensstand bedingt sein.

macht. Auch trägt sie zur Rechtfertigungsfrage von Normen nichts bei, die den Mittelpunkt dieser Arbeit bildet - schließlich ist es (wenn überhaupt) ein kontingentes Faktum, daß wir Tieren gegenüber Mitleid und Personen gegenüber Achtung empfinden.

5.2 Wohlfahrt und Rechte der Tiere

Der folgende Abschnitt gibt im wesentlichen die wichtigsten Gesichtspunkte der animal-ethics Debatte wieder, die seit etwas mehr als 15 Jahren in der analytischen Ethik geführt wird.[34] Ich gehe zunächst von einer utilitaristischen Position aus, die ich hier einer detaillierteren Kritik unterziehen will.

a) Utilitaristische Betrachtungen

Das utilitaristische Prinzip braucht, um es inhaltlich zu füllen, eine Spezifizierung des Begriffs "Nutzen". Von dieser begrifflichen Bestimmung hängt ab, für welche Individuen Handlungen moralisch relevant sind. Daher ist der Utilitarismus nicht ein a priori anthropozentrisches Begründungsprogramm, wie etwa Hampicke meint.[35] Grundsätzlich gibt es die beiden Möglichkeiten, entweder das Wohlbefinden von Tieren oder unseren Nutzen daran in den Kalkül einzuführen. Ich vertrete hier die Auffassung, daß Tiere Nutzen empfinden und daß dieser Nutzen gemäß dem Universalisierungsprinzip zu berücksichtigen ist.

In den utilitaristischen Nutzenbegriff gehen Glück, Freude oder auch die Abwesenheit von Schmerz ein. Diese Regungen sind auch Teil des Lebens der (höheren) Tiere. Ein Nutzen, als der Saldo aus Lust und Unlust, kann Tieren zugesprochen werden.[36] Dieser introspektive Nutzenbegriff[37] ist aber wenig brauchbar, da er auf subjektiv psychische Phänomene gegründet ist, die keiner weiteren Analyse zugänglich sind. Damit sind das Meßproblem und das Aggregationsproblem angesprochen. Doch unterstellen wir zunächst die Rede von "Nutzen" und "Nutzenmaximierung" als unproblematisch. Nach dem biologischen und neurophysiologischen Kenntnisstand sind Tieren Freude und Schmerzen zuzuschreiben. Daher müssen vom Standpunkt des Utilitarismus

---

34 Einen Überblick geben Melle (1988) und Nelson (1985) mit einer Bibliographie.

35 Hampicke (1985) 13.

36 Dies ist in der Diskussion um die Tier-Ethik unstrittig. Für die Wohlfahrtsökonomik wurde der Gedanke von Ng (1983) aufgegriffen.

37 Dazu Bohnen (1964) 31f.

aus Tiere in das Nutzenmaximierungskalkül einbezogen werden. Diese Überlegung wird gestützt durch Ergebnisse der Biologie. Die physiologischen Ähnlichkeiten der Funktionsweise des zentralen Nervensystems aller höheren Tiere einschließlich des Menschen lassen es nicht mehr zu, nur menschliche Schmerzen zu berücksichtigen. Wenn wir erst einmal übereingekommen sind, daß es richtig ist, Schmerzen zu vermeiden, müssen wir sie bei allen Individuen, die Schmerzen empfinden können, zu vermeiden suchen. Eine Sonderstellung für Menschen könnte im Rahmen des Utilitarismus nur gerechtfertigt werden, wenn der Nutzenbegriff, entgegen der klassischen Formulierung[38], enger an das Haben von Zielen gebunden würde. Nutzen hieße in einer solchen Interpretation, seinen Zielen näher kommen. Ziele zu haben ist aber mit Selbstbewußtsein und Reflexionsvermögen verkoppelt. Autonomie, die Fähigkeit, ein selbstbestimmtes Leben zu führen, würde damit als moralisch relevantes Kriterium eingeführt. Nur *Personen* können ihren eigenen Wünschen kritisch gegenüberstehen. Sie haben Präferenzen zweiter Ordnung, d.h. sie wollen oder wollen nicht, daß sie bestimmte Wünsche haben.[39] Diese Reflexion hebt die Wünsche von Personen gegenüber denen von Nicht-Personen hervor, und zwar, nach der Meinung einiger,[40] in einer Weise, daß menschliches Glück nicht durch noch so viel Wohlbefinden von Tieren aufgewogen werden kann. Es sind nun zwei Positionen sichtbar: Der klassische Utilitarismus, der konsequenterweise die Leidensfähigkeit der Tiere mit einbezieht, und ein nicht-klassischer Utilitarismus, der Nutzen als Grad der Zielerreichung von Personen auffasst. Die zweite Variante ist allerdings einem Problem ausgesetzt. Es ist eine Moral, die noch nicht einmal alle Menschen erreicht, da sehr kleine Kinder oder etwa stark hirngeschädigte Menschen nicht zu autonomer Lebensführung

---

[38] Bei Bentham ist die Leidensfähigkeit der Tiere das relevante Kriterium. Die oft zitierte Stelle findet sich in Bentham (1789) 311, chap. 17, § 1, sec IV in der Fußnote: "The day may come, when the rest of the animal creation may acquire those rights which never could have been withholden from them but by the hand of tyranny. The French have already discovered that the blackness of the skin is no reason why a human being should be abandoned without redress to the caprice of a tormentor. It may come one day to be recognized, that the number of legs, the villosity of the skin, or the termination of the *os sacrum*, are reasons equally insufficient for abandoning a sensitive being to the same fate. What else is it that should trace the insuperable line? Is it the faculty of reason, or, perhaps, the faculty of discourse? But a full grown horse or dog is beyond comparison a more rational, as well as more conversable animal, than an infant of a day, or a week, or even a month, old. But, suppose the case were otherwise, what would it avail? The question is not, Can they *reason*? nor, Can they *talk*? but, Can they *suffer*?" (Hervorhebungen im Original).

[39] Vgl. Frankfurt (1971).

[40] Z.B. Mill (1861) 211f vertritt diese Meinung.

fähig sind.[41] Im folgenden wird daher nur die klassische Variante weiterverfolgt. Es bleibt festzuhalten, daß in beiden Fällen das bloße Menschsein kein Kriterium für die Reichweite der Moral ist.

Der utilitaristische Grundsatz muß, soll er mehr als eine leere Phrase sein, eine Mikrofundierung erhalten: Für alle Individuen ist eine Nutzenfunktion zu spezifizieren. Die Bestimmung dieser Nutzenfunktion kann aber nicht in dem Sinne willkürlich erfolgen, daß für Tiere, ohne weitere Begründung, eine bestimmte Art des Nutzens unterstellt wird, der mit menschlichem Nutzen inkommensurabel ist, und Tiere damit faktisch aus dem moralischen Kalkül ausgeschlossen werden.[42] P. Singer hat die Diskriminierung von Tieren (in Anlehnung an die Begriffe Rassismus und Sexismus) Speziezismus genannt.[43] Diskriminierung bedeutet bei Singer, daß das Prinzip der gleichmäßigen Gewichtung der Interessen verletzt wird.[44] Das Problem der Gewichtung von Interessen, oder der Zuordnung von kardinalen Nutzenfunktionen, ist als das zentrale Problem des Utilitarismus schon lange in der Diskussion.[45] Durch Adam Smiths "invisible hand" waren die Individuen davon entlastet, solche Gewichtungen vorzunehmen. Die unsichtbare Hand des Marktes führt die Handlungen aus wohlverstandenem Eigeninteresse zum gesamtgesellschaftlich Guten.[46] Die Institution des Marktes ermöglicht es den einzelnen, *gut* zu handeln ohne die Bedürfnisse, Vorlieben und Wünsche von anderen kennen und explizit berücksichtigen zu müssen. Das bedeutet auch, daß keine Nutzenfunktionen für die Individuen spezifiziert werden müssen. Aber spätestens seit Sidgwick und Pigou[47] ist der Glaube an Smiths Doktrin grundlegend erschüttert. Das Pareto-Kriterium ist dann die skeptische Antwort auf die Frage, wie

---

[41] Diese Überlegung ist in der Literatur als "marginal cases argument" bekannt und findet sich z.B. bei P. Singer (1975) 73 und Hoff (1980) 576. Dazu auch Narveson (1977) 164, 177 und der Überblick von Rose-Ackerman (1982). In bezug auf Kinder lautet eine (umstrittene) Entgegnung, daß sie zumindest potentiell entsprechende Fähigkeiten haben bzw. haben werden. Dazu Tooley (1983) 165ff.

[42] Vgl. Ng (1983) 161ff.

[43] P. Singer (1979) 51, (1987) 4.

[44] P. Singer (1975) 3.

[45] Vgl. Bohnen (1964) 55.

[46] Vgl. Ulrich (1986) 187 und den entsprechenden Abschnitt in "Wealth of Nations", Smith (1776) 456. Smith erwähnt die "invisible hand" bereits in seiner "Theory of Moral Sentiments" von 1759.

[47] Pigou (1912) 172ff. Dort wird das Phänomen der externen Kosten erstmals ausführlich erörtert. Vgl. aber auch Sidgwick (1883) 412ff.

intersubjektive Nutzenvergleiche vorgenommen werden können.[48] Das Pareto-Kriterium gibt die Idee der Aggregation auf, während am Nutzen als moralisch relevanter Kategorie festgehalten wird. Solange durch eine Handlung niemand schlechter gestellt wird, d.h. auf ein niedrigeres Nutzenniveau gelangt, ist sie zulässig. Das ist eine Minimalethik, die klare Fälle von Diskriminierung zuläßt, weil mit dem Verzicht auf Nutzenvergleich, jeder, über eine Nicht-Schädigung hinausgehende, Gerechtigkeitsgedanke aufgegeben wird. Wenn es als hinreichende Bedingung verstanden wird, können mit dem Pareto-Kriterium krasse Ungleichverteilungen und darüber hinaus auch z.B. zunehmende Einkommensdisparitäten gerechtfertigt werden. Das Pareto-Kriterium entspricht nicht in hinreichendem Maße unseren moralischen Intuitionen.[49] Das legt nahe, sich doch noch einmal dem Problem des Nutzenvergleichs zuzuwenden.

In bezug auf Tiere stellt sich das Problem aber noch in verschärfter Form. Unstrittig ist die Regel "Unnötiges Leiden der Tiere ist zu vermeiden". Sie ist aber zugleich für die wichtigen und politisch brisanten Fälle wenig hilfreich, wenn etwa das Leiden von Tieren abgewogen werden muß gegen den Nutzen aus dem Fortschritt der Medizin, gegen den Nutzen aus einem kleidsamen Pelzmantel oder gegen den billigeren Genuß eines Bratens. Noch einmal: Solange wir keine Anhaltspunkte in diesem Prozeß des Abwägens haben, werden wir auf das Pareto-Kriterium zurückverwiesen. Und daraus ist beispielsweise kein Grund abzuleiten, warum ein Landwirt die Haltungsbedingungen seiner Tiere verbessern sollte, wenn er dadurch Einkommenseinbußen erfährt.

Die Messung der Nutzen eines Individuums stellt, jedenfalls in der Theorie, kein unüberwindliches Problem dar. Man kann Nutzen einzelner Zustände für ein Individuum etwa nach dem willingness-to-pay-Konzept spezifizieren.[50] Man erhält mit diesem Verfahren allerdings ein Maß, das eine interpersonelle Vergleichbarkeit der Nutzen nicht ermöglicht. Wenn man Nutzen nicht vergleichen und addieren kann, liegt es nahe, andere Aggregationsverfahren zu verwenden, die von schwächeren Voraussetzungen ausgehen, um den Zustand zu ermitteln, der *für alle* am besten ist. Hierzu möchte ich auf Kapitel 5.3 verweisen.

---

[48] S. dazu Ulrich (1986) 207, Sen (1987) 31. Für einem Überblick über die Wohlfahrtsökonomik Külp (1982).

[49] Das ist natürlich kein strenger Einwand. Vgl. zur Rolle von Intuitionen bei der Theoriebildung die Bemerkungen auf S.42.

[50] Vgl. z.B. Just et al. (1982) 84ff.

b) Gerechtigkeitsaspekte

Die Schwierigkeiten, die mit Nutzenvergleichen verbunden sind, betreffen nicht nur den Utilitarismus. Auch die Rawls'sche Konzeption muß sich damit auseinandersetzen, wenn die Gruppe der Schlechtestgestellten identifiziert werden soll. Allerdings kommt sie ohne ein kardinales Maß aus. Wie wir gesehen haben, betrifft Rawls' Kritik am Utilitarismus die Vernachlässigung von Aspekten der (Verteilungs)gerechtigkeit. Das Maximierungsprinzip wird aufgegeben und durch die beiden Gerechtigkeitsprinzipien ersetzt. Bei Rawls gibt es zwei Argumentationslinien zur Begründung der Prinzipien.[51] Einmal sind sie Ergebnis "der wohlerwogenen Urteile im Überlegungsgleichgewicht"[52], zum anderen ergeben sie sich aus dem entscheidungstheoretischen Kalkül im Urzustand. In der folgenden Betrachtung nehme ich nur auf die zweite Argumentationslinie bezug. Bei dem Versuch, Tiere in die Rawls'sche Konzeption einzubeziehen, werden einige Schwierigkeiten offenbar. Daher sollen im folgenden verschiedene Modifikationen vorgenommen werden. Sie betreffen den Urzustand und die lexikographische Ordnung der Grundgüter, d.h. den Vorrang der Freiheit.

Rawls selbst diskutiert die Rolle der Tiere in seiner Konzeption nicht. Er schreibt:

> "Sie [die Gerechtigkeitstheorie] läßt nicht nur viele Seiten der Moralität außer acht, sondern fragt auch nicht nach dem richtigen Verhalten gegenüber Tieren und der übrigen Natur. Eine Gerechtigkeitsvorstellung ist nur ein Teil einer moralischen Auffassung. Ich habe nicht behauptet, die Fähigkeit zu einem Gerechtigkeitssinn sei notwendig dafür, daß diesem Wesen gegenüber Gerechtigkeitspflichten bestehen, aber es scheint doch, als brauchten wir gegenüber Wesen ohne diese Fähigkeit jedenfalls keine strenge Gerechtigkeit zu üben. Es folgt aber nicht, daß es ihnen gegenüber gar keine Pflichten gäbe, ebenso gegenüber der Natur überhaupt. Sicher ist es falsch, Tiere grausam zu behandeln, und die Ausrottung einer ganzen Art kann ein großes Übel sein. Die Fähigkeit der Tiere zu Lust und Schmerz und ihren Lebensformen führen eindeutig zur Pflicht des Mitleids und der Menschlichkeit ihnen gegenüber."[53]

Diese Rawls'sche Auffassung scheint ganz unplausibel. Sie setzt einen willkürlichen Schnitt zwischen Menschen, denen gegenüber Gerechtigkeit zu

---

[51] Vgl. Hoerster (1977).

[52] Rawls (1971) 70.

[53] Rawls (1971) 556. Vgl. auch ebd. 34.

üben ist, und Tieren, die unser Mitleid verdienen, wenn sie leiden; so als wäre das Leiden der Tiere ein anderes als das der Menschen. Diese willkürliche Abgrenzung findet sich wieder, wenn man betrachtet, wie Rawls den Urzustand charakterisiert. Sein erklärtes Ziel ist es, mit seiner Gerechtigkeitstheorie die Zufälligkeiten der Natur auszublenden.[54] So bleibt den Individuen, die an den Entscheidungen des Urzustands teilnehmen (IU), ihr Platz in der Gesellschaft und ihre natürlichen Begabungen unbekannt, ebenso die wirtschaftlichen und politischen Verhältnisse und der Entwicklungsstand der Gesellschaft.[55] Der Schleier des Nichtwissens ist eine Konzeption, die eine willkürliche Benachteiligung einer bestimmten Gruppe dadurch vermeidet, daß die IUs keines ihrer Merkmale kennen. Es wäre daher für sie irrational, eine Regel zu wählen, die auf ein Merkmal bezugnehmend, eine Gruppe schlechter stellt. Aus dieser Grundidee ergibt sich, welche Art von Wissen den IUs zugesprochen werden soll.

Daß sie wissen, daß sie Menschen sind, erscheint jedenfalls willkürlich. Nach dem "marginal-cases-argument" sind auch nicht alle Menschen mit einem Gerechtigkeitssinn ausgestattet,[56] so daß Gerechtigkeit nur einem Teil der Menschen, noch dazu dem begünstigten Teil, geschuldet würde; nicht aber jenen, die etwa schwer geistig behindert sind. Daß Rawls allen Menschen und nicht den Tieren die Teilnahme am Urzustand zugesteht, begründet er mit den politischen Risiken der Diskrimination derjenigen Menschen, die keinen Gerechtigkeitssinn besitzen. Rawls betont, daß die Fähigkeit zu einem Gerechtigkeitssinn in jedem Falle ein hinreichendes Kriterium für die Teilnahme am Urzustand ist. Er läßt aber offen, ob es eine notwendige Bedingung ist, d.h. ob alle, denen der Gerechtigkeitsinn fehlt, ausgeschlossen sein sollen. Er schreibt:

> "Selbst wenn die Fähigkeit notwendig wäre, wäre es in der Praxis unklug, aus diesem Grunde Gerechtigkeit zu verweigern. Die Gefahr für gerechte Institutionen wäre zu groß."[57]

Aber dies ist ein Argument auf einer anderen, pragmatischen Ebene. Zunächst geht es um die Festlegung der Grundprinzipien einer Gesellschaft.[58]

---

[54] Vgl. ebd. 36f, 174.

[55] Vgl. ebd. 160.

[56] Vgl. P. Singer (1979) 16f.

[57] Rawls (1971) 549. Ebenfalls praktisch politische Gründe für eine scharfe Trennung von Mensch und Tier vertritt auch Patzig (Vortrag im Agrarökonomischen Seminar Göttingen, gehalten am 21.1.88).

[58] Vgl. dazu Birnbacher (1988) 16ff, der Ideal- und Praxisnormen unterscheidet.

Mit dem Wissen, daß sie Menschen sind, können die nutzenmaximierenden rationalen IUs Grundsätze beschließen, die eine Ausbeutung der nichtmenschlichen Natur und insbesondere der Tiere bedeuten.[59] Eine adäquate Gerechtigkeitstheorie sollte diese Möglichkeit ausschließen, ohne auf Mitleid zu verweisen, wie Rawls es an der oben zitierten Stelle tut.

In bezug auf die Gerechtigkeit zwischen den Generationen tritt ein strukturell gleiches Problem auf,[60] für das Rawls eine Zusatzbedingung einführt, die etwa dem Universalisierungsgrundsatz entspricht.[61]

Es bleibt daher eine interessante Frage, wie im Rahmen einer erweiterten Gerechtigkeitstheorie die Fragen der Umweltethik behandelt werden können.

Die erste Möglichkeit ist es, eine Zusatzbedingung einzuführen, analog zu Rawls' Vorschlag bezüglich der intergenerationellen Gerechtigkeit. Sie wird notwendig, weil der Wissensstand der IUs es doch noch zuläßt, Vorteile auf Kosten anderer zu realisieren. Die Zusatzbedingung könnte einfach lauten: Alle Tiere sind rücksichtsvoll zu behandeln.[62] Der Verweis auf Mitleid an der oben zitierten Stelle hat den methodischen Charakter einer Zusatzbedingung. Eine solche Bedingung, so wenden Pritchard und Robison ein, untergräbt das zentrale Argument der Theorie der Gerechtigkeit, nämlich daß die Gerechtigkeitsprinzipien im Urzustand von den auf ihren Eigennutz bedachten Individuen gewählt würden.[63] Eine solche Zusatzbedingung wäre ein Fremdkörper in der Theorie der Gerechtigkeit.

Rawls schreibt:

> "...die Vertragstheorie scheint sich nicht auf natürliche Weise auf sie [die Tiere] ausdehnen zu lassen."[64]

Das ist unverständlich. Es scheint eine besonders naheliegende Möglichkeit zu geben, nämlich den Schleier des Nichtwissens weiter zuzuziehen.[65] Die Individuen des Urzustands wissen dann nicht mehr, daß sie Menschen sind, sondern nur, daß sie fühlende Wesen sind. Der Schleier des Nichtwissens wird von Rawls gerade eingeführt, um ein möglichst unparteiisches Urteil zu errei-

---

59 Vgl. Regan (1981a) 78.

60 Vgl. Rawls (1971) 163.

61 Ebd. 151. Vgl. auch Kap. 6.2 b), S.130ff.

62 Vgl. Pritchard/Robison (1981) 60.

63 Vgl. ebd. 61.

64 Rawls (1971) 556.

65 Vgl. VanDeVeer (1979b), (1983) 152f, Elliot (1984) 100 und B.A. Singer (1988).

chen. Es ist eine Methode, zu Gerechtigkeitsgrundsätzen zu kommen, die das moralisch Willkürliche der natürlichen Bedingungen ausblenden soll. Das geschieht, indem die Bedingungen der Entscheidungsfindung so festgelegt werden, daß spezifische Interessen nicht zum Zuge kommen können. Wenn die Möglichkeit, in eine bestimmte Position zu gelangen, (durch das gegebene Wissen) ausgeschlossen ist, so können die Inhaberinnen dieser Positionen diskriminiert werden. Dadurch, daß die Individuen des Rawls'schen Urzustands wissen, daß sie Menschen sind, werden Tiere diskriminiert, bzw., was äquivalent dazu ist, Tiere dürfen nicht am Urzustand teilnehmen. Der Grund dafür, den Rawls im Auge hat, ist, daß den Tieren der Gerechtigkeitssinn fehlt. Insbesondere sind sie nicht in der Lage, die Verträge, denen sie (hypothetisch) zugestimmt haben, einzuhalten. Im Gegenzug kann man darauf hinweisen, daß, wie schon angesprochen, es auch Menschen gibt, denen die Fähigkeit zu einem Gerechtigkeitssinn fehlt, und solche, die zwar die Fähigkeit besitzen, aber trotzdem den Gerechtigkeitssinn nur unzureichend entwickelt haben. Auf diese faktischen Gegebenheiten kommt es aber bei einer vertragstheoretischen Argumentation gar nicht an. Der geschlossene Vertrag ist hypothetisches Konstrukt. Die Bedingungen, unter denen er geschlossen wird, sichern die Gerechtigkeit der Institutionen. Institutionen sind nach traditionellem Verständnis alle gesellschaftlichen Einrichtungen, die das Zusammenleben von frei Handelnden bestimmen. Der Institutionen-Begriff kann aber zwanglos erweitert werden, so daß er auch die Handlungen gegenüber anderen "Objekten der Natur" umfaßt. Gerechte Institutionen einzurichten, heißt dann auch, Gerechtigkeit gegenüber der nicht-menschlichen Natur walten zu lassen.

Die Frage , die sich jetzt stellt, ist, auf welchen Bereich von Individuen sich Gerechtigkeit erstrecken kann, bzw. ob es ein begründetes Maß an Nichtwissen im Urzustand gibt. Oben war dafür argumentiert worden, daß es willkürlich sei, im Urzustand nur Menschen als Teilnehmer der Abstimmung zuzulassen. Ist es nun weniger willkürlich, etwa nur fühlende Wesen zuzulassen? In gewissem Sinne ist jede Begriffsbildung und Abgrenzung willkürlich, beruht auf Konvention, bzw. erfolgt gemäß unserem begrenzten Wissen. Aber die Intuition, die Utilitaristen und Wohlfahrtsökonomen teilen, ist die, daß es keinen anderen Maßstab des Guten gibt, als das, was einzelne Individuen als gut *empfinden*. Und Empfindungen haben nur, so meinen wir zumindest, Menschen und Tiere.[66] Und sie haben diese Empfindungen in unterschiedlicher Intensität.

---

[66] Ng (1983) 162 gibt Literatur an, in der erörtert wird, ob auch Pflanzen Empfindungen haben können.

Es sind die Nutzempfindungen der einzelnen, um derentwillen überhaupt Gerechtigkeit geübt werden sollte, sonst ist Gerechtigkeit ein leeres Prinzip. Allerdings ist hier auf ein weit verbreitetes Mißverständnis von Rawls' Theorie hinzuweisen. Das Unterschiedsprinzip, das im Urzustand gewählt wird, regelt nicht die Verteilung der Nutzen, sondern die Verteilung der Grundgüter, zu denen Rawls "Freiheit, Chancen, Einkommen, Vermögen und die sozialen Grundlagen der Selbstachtung"[67] zählt. Damit begegnet er dem Problem des Utilitarismus, daß "die Befriedigung eines Bedürfnisses einen Wert an sich"[68] hat, ganz gleich worauf sich die Bedürfnisse richten.

> "Wenn es also den Menschen Freude macht, andere zu diskriminieren, ihnen weniger Freiheit zu gewähren, um ihr eigenes Selbstgefühl zu erhöhen, dann ist die Befriedigung dieser Bedürfnisse bei unseren [utilitaristischen] Überlegungen (...) mitzuzählen, genau wie bei anderen Bedürfnissen."[69]

Wenn sich Rawls an dieser Stelle klar vom Utilitarismus absetzt, dann scheint er eine Konzeption des Guten vorauszusetzen, die nicht nur auf die Nutzen bezug nimmt, sondern auf die Art der Entstehung der Nutzen. Die Grundgüter zeichnen sich dadurch aus, daß "sie jeder vernünftige Mensch haben will. Diese Güter sind gewöhnlich brauchbar, gleichgültig, was jemand für einen vernünftigen Lebensplan hat."[70]

Im folgenden gehe ich nun von einem um die Tiere erweiterten Kreis von Individuen, die am Urzustand teilnehmen, aus. Welche Gerechtigkeitsgrundsätze, die die Grundstruktur der Gesellschaft festlegen, würden gewählt?

Dazu ist noch einmal ein Blick auf die Entscheidungsbedingungen des Urzustands zu werfen.

1. Es gibt keinen Hinweis auf eine bestimmte Wahrscheinlichkeitsverteilung bezüglich der gesellschaftlichen Positionen.[71]

2. Alle besitzen gleiche Informationen und gelangen durch vernünftige Überlegungen zum gleichen Ergebnis.[72]

---

[67] Rawls (1971) 83. Vgl. auch 111-115.

[68] Ebd. 49.

[69] Ebd.

[70] Ebd. 83.

[71] Vgl. ebd. 179 und Rawls (1974) 141.

[72] Rawls (1971) 162f.

Durch diese Bedingungen ist ein Entscheidungsproblem definiert, das die Struktur einer Entscheidung unter Unsicherheit hat. Die Handlungsalternativen $G_1, ..., G_n$ sind die wählbaren Alternativen für die Grundstruktur der Gesellschaft, also die grundlegenden Institutionen. Die Umweltlagen $P_1, ..., P_m$ sind die Positionen, in denen sich Individuen einer Gesellschaft befinden, wenn sich der Schleier des Nichtwissens lüftet.

	P_1	$P_2 \dots$	P_m
G_1	$g_{1,1}$	$g_{1,2} \cdots$	$g_{1,m}$
G_2	.		.
.	.		.
.	.		.
G_n	$g_{n,1} \cdots$		$g_{n,m}$

TAFEL 5: Entscheidungsmatrix

Die in der Matrix eingetragenen $g_{i,j}$ geben ein Maß für die Grundgüter an, die im Gesellschaftssystem G_i auf die Position P_j entfallen. Rawls behauptet nun, daß in dieser Situation vernünftigerweise die Maximin-Regel als Entscheidungsregel herangezogen wird und daß durch die Anwendung dieser Regel die beiden Gerechtigkeitsprinzipien gewählt werden. Sowohl die Maximin-Regel als auch die Ableitung der beiden Prinzipien sind umstritten. Diese Diskussion soll hier nicht im einzelnen aufgegriffen werden.[73] Ich will hier nur auf einen Punkt eingehen, der die Rolle des Unterschiedsprinzips betrifft. Das Unterschiedsprinzip ist bei Rawls eingeschränkt auf Chancen, Einkommen und Vermögen. Für die Grundgüter "Rechte" und "Freiheiten" gilt es nicht. Diese sind streng egalitär verteilt, und es besteht ein trade-off-Verbot zu anderen Gütern. Ein Verlust an Freiheit wird durch keine noch so hohen Einkommenszuwächse aufgewogen. Rawls läßt im Dunkeln, warum diesem trade-off-Verbot zugestimmt würde. Ich werde daher auch Rechte und Freiheiten als Grundgüter ansehen, die wie Chancen und Einkommen dazu dienen, den individuellen Präferenzen in möglichst hohem Maße zu folgen. Durch Einkommensverbesserungen können Freiheitseinschränkungen aufgewogen werden. Die Gerechtigkeitsprinzipien müssen sich an den Bedürfnissen der Individuen orientieren, und es gibt Situationen, in denen Nahrung wichtiger ist

---

[73] Dazu etwa Arrow (1973), Barry (1973), Rawls (1974) Strasnick (1976), sowie Schmidt (1986) und die dort angegebene Literatur.

als Freiheit.[74] Ich werde daher als zweite Modifikation annehmen, daß das Unterschiedsprinzip auf alle Grundgüter in gleicher Weise angewendet wird.

In der so erweiterten Gerechtigkeitstheorie werden alle Individuen (auch Tiere) als mögliche Träger einer Ausstattung an Grundgütern angesehen. Dies ist in vielen Fällen sinnvoll möglich, wie etwa beim Recht auf körperliche Unversehrtheit. Bei anderen Grundgütern, wie etwa dem Recht auf freie Meinungsäußerung oder dem Prinzip der Chancengleichheit ist Interpretationsarbeit gefordert. Bezüglich der Meinungsfreiheit besteht kein wirkliches Problem. Es ist einfach ein Recht, das von Tieren nicht in Anspruch genommen wird. Bei der Chancengleichheit muß gefragt werden: *Chance zu was?* Hier liegt aber kein besonderes Problem des erweiterten Urzustands, sondern eines, das auch Rawls' ursprüngliche Konzeption betrifft. Denn auch unter Menschen gilt, daß nicht alle gleiche Chancen haben, solange die natürliche Ausstattung der einzelnen so von einander abweicht, daß auch beliebig hoher Aufwand keinen Ausgleich schaffen kann. Rawls schreibt dazu:

> "Irgendwie muß man die Wirkung von Zufälligkeiten beseitigen, die die Menschen in ungleiche Situationen bringen und zu dem Versuch verführen, gesellschaftliche und natürliche Umstände zu ihrem Vorteil auszunutzen."[75]

Das Unterschiedsprinzip stellt eine Lösung dieser moralischen Aufgabe dar. Es läßt Unterschiede nur zu, insofern sie sich zum Nutzen der Schlechtestgestellten auswirken. Voraussetzung für die Anwendung des Prinzips ist, daß die Gruppe der schlechtestgestellten Individuen identifiziert werden kann - womit man wieder bei Mills Frage angelangt ist, ob es besser ist, ein glückliches Schwein als ein unglücklicher Mensch zu sein. Auch dieses Problem tritt nicht erst durch Hereinnahme der Tiere in die Konzeption auf. Es besteht auch in menschlichen Gesellschaften.[76] Durch die Beteiligung der Tiere am Urzustand tritt es nur um so deutlicher heraus und verweist auf eine grundsätzliche Schwäche der Theorie der Gerechtigkeit: sie stellt keinen universalen Ansatz dar. Sie ist plausibel für gesunde und relativ homogene Bevölkerungen.[77]

Doch zurück zur Entscheidungssituation im Urzustand. Nach der Maximin-Regel wird dasjenige Gesellschaftssystem gewählt, in dem die Position der

---

[74] Vgl. dazu Schmidt (1986) 119f und Barry (1973) Chapter 7. Vgl. auch Gibbards Konzept "veräußerbarer Rechte" S.107f.

[75] Rawls (1971) 159; vgl. auch ebd. 121.

[76] Die entsprechende Frage lautet dann: Ist es besser, ein glücklicher Narr als ein unglücklicher Sokrates zu sein. Johnson (1983) 123; vgl. auch Mill (1861) 212.

[77] Pettit (1974) bezeichnet sie als eine Theorie der westlichen Demokratien.

Schlechtestgestellten besser ausgestattet ist als in allen anderen möglichen Systemen. Unterstellen wir nun, daß einige Individuen nur zu schwächeren Nutzenempfindungen, Glücksgefühlen und Leiden fähig sind als andere und daß dies auch im Urzustand bekannt ist. Wenn das Unterschiedsprinzip gewählt würde, würden zunächst diejenigen, die am stärksten leiden, maximal mit Grundgütern versorgt, bis eine Verbesserung nicht mehr möglich ist. Dann wird für diejenigen, die sich in der zweitletzten Position befinden Sorge getragen, usf.; dies ist das lexikalische Unterschiedsprinzip.[78]

Wenn es plausibel ist anzunehmen, daß die Intensität der Glücks- und Leidempfindungen von der Komplexität des Nervensystems abhängt, dann sind (normal ausgestattete) Menschen die Lebewesen mit der größten Leidensfähigkeit, und die Vermeidung und Beseitigung ihrer Leiden steht an erster Stelle. Sie werden so weit mit Grundgütern ausgestattet, bis eine andere Gruppe von Individuen als die schlechtestgestellte gilt oder ihre Position nicht weiter zu verbessern ist. Ein konkretes Ergebnis dieser Rawlsianischen Überlegungen wäre dann, daß eine Gesellschaft gewählt würde, in der die Leiden der Tiere vermieden würden, soweit sie nicht schlimmere Leiden der Menschen zu mildern helfen. Damit wären bestimmte Tierversuche in der Medizin zu rechtfertigen, nicht aber die Tierversuche der Kosmetikindustrie. Weiterhin wäre der Übergang zu vegetarischer Ernährung geboten, wenn die Grundversorgung mit Nahrung für die Menschen sichergestellt ist und die Fleischproduktion Leiden für die Tiere verursacht. Eine artgerechte Tierhaltung und ein schmerzloses Töten vorausgesetzt, wäre Fleischproduktion allerdings legitimierbar. Doch das Problem, die Gruppe der Schlechtestgestellten zu identifizieren, darf nicht unterschätzt werden. In einer Situation, in der Verbesserungen für die Schlechtestgestellten nicht auf Kosten der Bestgestellten, sondern auf Kosten einer ähnlich schlecht gestellten Gruppe gehen, muß ein präzises Kriterium bereit gestellt werden. Dieses Problem ist etwa dem vergleichbar, *einen* Wohlfahrtsindikator auszuweisen, der verschiedene Aspekte, wie Gesundheit, Freiheiten, Ausbildung und Einkommen, berücksichtigt.

---

[78] Vgl. Rawls (1971) 103. Rawls kommentiert die lexikalische Variante des Unterschiedsprinzips aber mit der folgenden Bemerkung: "Mir scheint aber, daß diese Prinzip in der Praxis kaum von Bedeutung sein wird, denn wenn die möglichen Vorteile der bereits Bevorzugten erheblich sind, wird es sicher eine Möglichkeit geben, auch die Lage der weniger Begünstigten zu verbessern. Die allgemeinen Gesetze für die Institutionen der Grundstruktur gewährleisten, daß keine Fälle vorkommen, die das lexikalische Prinzip erfordern." Ebd. 103f.

c) Vertragstheoretische und naturrechtliche Begründungen

Die Betrachtung der Rawls'schen Vorschläge zur normativen Beurteilung von Institutionen läßt einige Fragen offen. Einwände richten sich z.B. gegen die Ausgestaltung des Urzustands und die Verwendung der Maximin-Regel. Die Theorie der Gerechtigkeit ist jedoch für viele Philosophen, Ökonomen und Rechtswissenschaftler auch nach fast zwanzig Jahren noch immer eine Herausforderung. Es sind zwei Aspekte, die den Erfolg der "Theorie der Gerechtigkeit" ausgemacht haben. Nachdem die metaethische Diskussion die praktische Philosophie beherrscht hatte, hat Rawls die Debatte inhaltlich gefüllt und wieder praktisch-politische Probleme aufgegriffen. Daneben hat seine Methode Interesse gefunden. Der Versuch, Normen aus der Verhandlungssituation eines Urzustands abzuleiten, hat eine lange Tradition, die vom Utilitarismus verdrängt war. Rawls greift ihn als eine Möglichkeit, auf intersubjektive Nutzenvergleiche zu verzichten, wieder auf, und er macht damit das Instrumentarium der Entscheidungstheorie für die politische Philosophie nutzbar. Kurz gesagt, Rawls hat die alte Idee des Gesellschaftvertrages mit neuen Methoden zur rationalen Entscheidungsfindung zusammengebracht. Allerdings ist dieses Unternehmen nicht vollständig durchgeführt. Es gibt, unabhängig von der Diskussion um die Details, zwei Einwände gegen den Rawls'schen Ansatz. Der erste lautet: Die Prämisse des methodologischen Individualismus ist verletzt.[79] Der zweite Einwand betrifft die spezifischen Annahmen über Wissen und Nichtwissen im Urzustand. Ich meine jetzt nicht irgendeine dieser Annahmen, sondern die Tatsache, daß auf der obersten Ebene der theoretischen Konstruktion eine große Zahl spezieller und willkürlicher Setzungen auftritt. Diese methodologische Schwäche verlangt nach dem Bemühen, eine Theorie zu formulieren, die mit weniger Annahmen auskommt. Beide Einwände sind miteinander verknüpft. Der Schleier des Nichtwissens sorgt dafür, daß niemand seine/ihre persönliche Ausstattung kennt. Niemand kann von seinen/ihren Fähigkeiten uneingeschränkten Gebrauch machen, da das Wohl der Schlechtergestellten im Vordergrund steht. Die Fähigkeiten der einzelnen sind eine gesellschaftliche Ressource. Diese "Enteignung" ist eine radikale Prämisse, die es aus der Sicht einer liberalen Position zu überwinden gilt. Privateigentum an den eigenen Fähigkeiten (self-ownership) scheint unabdingbar zu sein.[80] Bei

---

[79] Vgl. S.60. Rawls spricht stets von der *Gruppe* der Schlechtestgestellten.

[80] Vgl. Moulin/Roemer (1989). Hier ist auf die Nähe des Rawls'schen Ansatzes zu der Position der "analytischen Marxisten" hinzuweisen. Roemer (1988) 160ff hat gezeigt, daß aus schwächeren als den Rawls'schen Annahmen bereits eine egalitäre Verteilung der Nutzenniveaus der Indivi-

einer Entscheidung im Urzustand wird zudem nur auf allgemeine Merkmale, nie auf individuelle Bezug genommen. Nach dem Unterschiedsprinzip wird der Nutzen der *Gruppe* der schlechtestgestellten Individuen maximiert, nicht etwa der Nutzen des am schlechtesten gestellten Individuums. Darüber hinaus stehen im Urzustand alle vor einem vollständig gleichen Entscheidungsproblem und stellen gleiche Überlegungen an. Diese Vorgaben erinnern mehr an einen unparteiischen Beobachter oder an eine göttliche Ordnung als an einen Vertragsschluß autonomer Individuen zum gegenseitigen Vorteil. Das Nichtwissen im Urzustand sichert *a priori* ein einstimmiges Ergebnis.

Aber gerade bei den Fällen, bei denen die Interessen der Beteiligten divergieren, sind vertragstheoretische Überlegungen interessant. Der Rawls'sche Urzustand bezieht sich auf die Frage, welche Normen die allen gemeinsamen Interessen repräsentieren. Eine im engeren Sinne vertragstheoretische Konstruktion versucht dagegen, Normen auszuweisen, die den verschiedenen Interessen möglichst weitgehend gerecht werden. Gibt man den Schleier des Nichtwissens auf, so werden die beiden erwähnten methodologischen Einwände gegenstandslos. Der Urzustand könnte dann wie folgt beschrieben werden. Alle einzelnen befinden sich in einer Welt ohne Rechte und Institutionen, über die ja erst beschlossen werden soll. Die Situation, in der sich jede einzelne befindet, ist keine einfache Entscheidungssituation mehr, sondern das eigene Verhalten (die Wahlhandlungen) wirkt zurück auf das Verhalten der anderen. Diese Situation ist eine typische Situation der Spieltheorie. Dieser Ausgangspunkt der Überlegungen trägt der Einsicht Rechnung, daß die einzelne nicht nur passiv die institutionellen Gegebenheiten hinnimmt, sondern aktiv zur Gestaltung der Institutionen, zu Änderungen oder zur Stabilisierung rechtlicher und moralischer Normen beiträgt.

Die reduzierten Voraussetzungen machen die folgenden Überlegungen methodisch stark. Da aber, jedenfalls bei extremen Formen der Vertragstheorie, auch auf das Universalisierungsprinzip verzichtet wird, mögen die Kritiker zu der Ansicht neigen, hier handele es sich nicht um eine ethische Theorie, sondern um eine Apologie für Ausbeutergesellschaften. Diese Kritik muß ernst genommen werden. Jedoch soll darum nicht die Grundidee verworfen werden, die Individuen in ihrer Verschiedenheit gelten zu lassen. Insbesondere die methodischen Vorzüge legen es nahe zu untersuchen, welche Institutionen aus vertragstheoretischen Überlegungen gerechtfertigt werden können. Wichtige

duen einer Gesellschaft folgt. Peffer (1990) 369 gibt eine Liste von Ähnlichkeiten der marxistischen und der rawlsianischen Position an.

Überlegungen dazu stammen von J. Buchanan, der, wie in 4.4 geschildert, von einem Naturzustand ohne Rechte und Institutionen ausgeht, in dem sich eine "natürliche Verteilung" einstellt. Analog zu den vorherigen Überlegungen will ich nun annehmen, daß die Individuen im Urzustand nicht nur Personen sind. Aus der Sicht des einzelnen Individuums werden alle anderen als Objekte aufgefaßt, die es gemäß rationaler Klugheit behandelt. Zu dieser Klugheit gehört zunächst, daß einem Verfassungsvertrag zugestimmt wird, da die "natürliche Verteilung" Pareto-suboptimal ist. Ein solcher Verfassungsvertrag kann allerdings nur zwischen handelnden Individuen geschlossen werden, da nur sie sich strategisch verhalten können und Klugheitswahlen treffen können. Hier sind Tiere ebenso wie kleine Kinder und schwer geistig behinderte Menschen ausgeschlossen. Sie können keine Rechte geltend machen. Die Ergebnismatrix, mit der eine solche Situation beschrieben werden kann, weist für ein Individuum B keine Handlungsmöglichkeit auf.

		B
A	wohlmeinend	(5, 3)
	ausbeuterisch	(6, 1)

TAFEL 6: Nicht-strategisches Handeln

A wird sich gegenüber B immer "ausbeuterisch" verhalten, solange sie nicht ein Interesse am Wohlergehen von B hat. Tierschutznormen, oder auch das Verbot, Kleinkinder im Alter bis zu vier Wochen zu Experimenten mit Todesfolge zu verwenden, können aus diesen Voraussetzungen nicht abgeleitet werden. Daß in unserer Gesellschaft überhaupt Normen in Kraft sind, die Schwächere, die sich einer Ausbeutung nicht widersetzen können, schützen, läßt sich nur verstehen, wenn man altruistische Verhaltensweisen unterstellt. Altruistisches Verhalten bedeutet, ein Interesse am Wohlbefinden anderer zu haben, das über die egoistischen Klugheitserwägungen hinaus geht. Es wird nicht angenommen, daß diese anderen für das ihnen eingeräumte Wohlbefinden ein irgendwie geartetes Entgegenkommen zeigen. Wie Tafel 6 zu veranschaulichen versucht, hat das Verhalten von A zwar Auswirkungen auf das Wohlbefinden von B, aber nicht auf das Handeln von B. Die Vertragstheorie kann aus ihren Voraussetzungen die Normen zur Überwindung des

Hobbes'schen Urzustandes, der ein anarchischer Kriegszustand ist, nur unter der einschränkenden Annahme rechtfertigen, daß die Machtverteilung zwischen den Beteiligten wenigstens einigermaßen ausgeglichen ist.[81] Bei extrem ungleicher Machtverteilung ist es zumindest möglich, daß die Ohnmächtigen all ihrer Handlungs- und Entscheidungsmöglichkeiten beraubt sind und ihren Wohlbefindenszustand einfach hinnehmen müssen. Es gibt genügend Episoden in der menschlichen Geschichte, in der große Teile der Bevölkerung der Gutmütigkeit oder der Rücksichtslosigkeit ihrer Unterdrücker ausgeliefert waren. Solche Strukturen als gerechtfertigt zu betrachten, kann nur als Zynismus gewertet werden. Bei Buchanan werden solche Fälle nicht diskutiert. Die reduzierte Auszahlungsmatrix (Tafel 6) repräsentiert solch einen Fall extremen Machtungleichgewichts. B hat gar nicht die Gelegenheit, Anreize zur Kooperation zu setzen oder mit defektieren zu drohen. Tafel 7 stellt einen Fall dar, in dem B zwar Handlungsmöglichkeiten gegeben sind, aber trotzdem keine Möglichkeit besteht, die Kooperation von A zu bewirken.

		B	
		akzeptiert Rechte	akzeptiert keine Rechte
A	akzeptiert Rechte	(19, 7) I.	(3, 11) II.
	akzeptiert keine Rechte	(22, 2) III.	(21, 1) IV.

TAFEL 7: Machtungleichgewicht (Modifizierte Version nach Buchanan (1975) 27)

Hier ergibt sich Tafelfeld III. als stabile Lösung des Spiels. Das Gefangenendilemma, bei dem kooperatives Verhalten aller Beteiligten optimal und letztlich für jeden vorteilhaft ist, ist eben nur eine mögliche Struktur der Handlungsanreize, nur ein Problem von Gesellschaften und deren institutionellen Regelun-

[81] Vgl. Tietzel (1986) 109. Auch Hobbes (1651) 183 macht die Voraussetzung "the weakest has strength enough to kill the strongest", wenn er den Urzustand charakterisiert. Ferner stellt er fest: "In such condition [where every man is Enemy to every man], there is no place for Industry; because the fruit thereof is uncertain: and consequently no Culture of Earth;...; no knowledge of the face of the Earth; no account of Time; no Arts; no Letters; no Society; and which is worst of all, continuall feare, and danger of violent death; And the life of man, solitary, poore, nasty, brutish, and short." Ebd. 186.

gen. Allerdings ist es eine wichtige Struktur. Ihre Analyse hilft viele Probleme von Institutionen zu verstehen. Aber eine Institutionenökonomik, die sich allein auf das Gefangenendilemma stützt, kann nicht beanspruchen, auch das Gerechtigkeitsproblem gelöst zu haben. Es ist nicht klar, ob Buchanan seine Demokratietheorie so verstanden wissen will. Es scheint eher ein anderer Punkt im Vordergrund zu stehen. Die Normen, die sich eine Gesellschaft mit dem Verfassungsvertrag setzt, bedürfen der Zustimmung aller. Die Normen der Verfassungs- und Subverfassungsverträge sind diejenigen, die aus den minimalen Voraussetzungen des Egoismus und der Zustimmung gerechtfertigt werden können. Die Forderung nach der Zustimmung aller bedeutet ein Veto-Recht jedes einzelnen bezüglich des Verfassungsvertrages. Aber es ist nicht ganz klar, was das heißt. Die Intention, die Buchanan leitet, ist die Vorteilhaftigkeit institutioneller Regelungen für alle. Kommen Machtungleichgewicht und Interessengegensätze zusammen, so gibt es für die Mächtigen kaum einen Grund, Verhaltensbeschränkungen zu vereinbaren, und in einem rechtlosen Zustand besitzen die Ohnmächtigen kein Veto-Recht.

Das heißt aber noch nicht, daß damit alles zur Frage der Moral gesagt wäre. In "Moral Community and Moral Order"[82] gibt Buchanan die strenge Einschränkung auf den Egoismus auf und ersetzt sie durch eine realitätsnähere Voraussetzung. In sozialen Gemeinschaften und auch in großen Gesellschaften kommen rationale Egoisten praktisch nicht vor.[83] Innerhalb einer "moral community" gibt es immer einen begrenzten Grad an Altruismus, also ein Interesse am Wohlergehen anderer.[84] Dem einzelnen Mitglied werden bestimmte Rechte zugestanden, die eine Beschränkung der Handlungsfreiheit der anderen bedeutet, ohne daß dies zur Überwindung einer Gefangenendilemma Situation beitrüge. Allerdings ist die "moral community" ein empirisch (sozial)psychologisches Faktum, mit dem Verhalten erklärt, nicht gerechtfertigt, werden kann. Diese Überlegungen ermöglichen uns ein Verständnis für das Phänomen der verschiedenartigen Behandlung von Familienangehörigen und denen, die nicht zur Familie gehören, von Nachbarn und Fremden oder von Inländern und Ausländern. Aber es ergibt sich keine Rechtfertigung für diese unterschiedliche Behandlung.

---

82 Buchanan (1983).

83 Rationale Egoisten spielen gleichwohl bei der Begründung von Normen eine besondere Rolle.

84 Dazu auch Baier (1983) 71. Ein Beispiel einer, über eine menschliche Gemeinschaft hinausgehenden, "moral community" schildert Naess (1979).

> "Discussions in morals and ethics concentrate on how, why, and when a person does or should 'love my neighbor,' without paying much attention to the more important question: Who is to count as 'my neighbor'?"[85]

Wenn man zwei Gedanken zusammenbringt, kann man auch für die Fälle extremen Machtungleichgewichts ausbeuterische Systeme von der Rechtfertigbarkeit ausschließen. Und das ist das Problem von Buchanans Ansatz.[86] Der erste Gedanke ist der, einen gewissen Grad von Altruismus *zu verlangen*. Die einzelne muß sich dann Handlungsbeschränkungen gegenüber "Nachbarn" auferlegen, etwa die üblichen Grundrechte akzeptieren. Wenn dann, zweitens, ein Universalisierungsgrundsatz hinzugenommen wird, gelangt man zu einer vertragstheoretischen Begründungskonzeption auf naturrechtlicher Basis. Die Grundrechte, die im ersten Schritt den Angehörigen der eigenen "moral community" zugestanden werden, werden auf alle anderen ausgedehnt. In genau diesem Kontext muß die Frage: Who is to count as my neighbor? gesehen werden. Man kann die Frage auch etwas anders stellen. Sie lautet dann: Welche Entitäten sind Träger von Rechten? In bezug auf diese Frage kann man eine zum Universalisierungsgrundsatz analoge Überlegung anstellen: Wenn ein Individuum Träger von bestimmten Rechten ist, dann sollte auch jedes andere Individuum, das nicht in relevanter Weise verschieden ist, Träger der gleichen Rechte sein.

Mit Buchanans vertragstheoretischer Konzeption kann, wenn man sie überhaupt als Rechtfertigungstheorie verstehen darf, zu viel gerechtfertigt werden. Wenn sie durch Einführung von Grundrechten ergänzt wird, so ist der Ausgangspunkt der Überlegungen, die Robert Nozick in "Anarchy, State, and Utopia" vorstellt, erreicht. Nozick beginnt sein Buch mit dem Satz:

> "Individuals have rights, and there are things no person or group may do to them (without violating their rights)."[87]

Im folgenden versucht Nozick dann zu zeigen, daß unter der Voraussetzung des Locke'schen Naturrechts ein Minimalstaat gerechtfertigt werden kann und darüberhinaus keine weiteren Normen gerechtfertigt werden können. Insbesondere ist eine sozial motivierte Umverteilung unstatthaft. Zu diesem Zweck erhobene Steuern sind, folgt man Nozick, als Zwangsarbeit einzustufen.[88] Die

---

[85] Buchanan (1983) 96. L.C. Becker (1983) 229ff gebraucht in diesem Zusammenhang den Begriff "social distance". Vgl. auch oben Anmerkung 15, S.73.

[86] Vgl. Kap. 4.4, S.60f.

[87] Nozick (1974) ix.

[88] Ebd. 169.

Argumentation beruht im wesentlichen auf einer Besitzrechtstheorie (entitlement theory) und der individualistischen Prämisse autonomer Selbstbestimmung.[89] Die Besitzrechtstheorie besteht im wesentlichen aus dem Prinzip, daß durch gerechte Aneignung und gerechten Austausch sich stets legitime Ansprüche ableiten.[90] Diese Gerechtigkeitsauffassung versteht sich als historisch und als im Gegensatz zu Endzustandstheorien stehend. Auf einen Zustand als solchen kann das Prädikat "gerecht" gar nicht angewendet werden, sondern nur auf Zustände, die durch ihr (historisches) Zustandekommen näher qualifiziert sind.[91] Es sind, kurz gesagt, die Handlungen gerechtfertigt, die die natürlichen Rechte der anderen nicht verletzen. Ein genauerer Blick auf die natürlichen Rechte zeigt, daß sie Individuen gleich welcher Art zukommen. Locke schreibt im "Second Treatise" über den Naturzustand:

> "A *State* also of *Equality*, wherein all the Power and Jurisdiction is reciprocal, no one having more than another: there being nothing more evident, than that Creatures of the same species and rank promiscuously born to all the same advantages of nature, and the use of the same faculties, should also be equal one amongst another without Subordination or Subjection unless the Lord and Master of them all, should by any manifest Declaration of his Will set one above another, and confer on him by an evident and clear appointment an undoubted Right to Dominion and Sovereignty."[92]

Ob das Wort "species" hier in einem biologischen Sinn gemeint ist, bleibt unklar. Locke bringt hier den Gedanken vor, daß alle Gleichartigen dasselbe Recht auf die Vorteile der Natur haben. Daraus ergibt sich dann der Grundsatz:

> "And being furnished with like faculties, sharing all in one Community in Nature, there cannot be supposed any such Subordination among us, that may Authorize us to destroy one another, as if we were made for one anothers uses, as the inferior ranks of Creatures are for ours. Everyone as he is *bound to preserve himself*, and not to quit his Station willfully; so by the like reason when his own preservation comes not in competition, ought he, as much as he can, *to preserve the rest of Mankind*, and may not unless it be to do Justice on an Offender, take away, or impair the life, or what tends to

---

[89] Eine Darstellung von Nozicks Argumentation für den Minimalstaat gibt Kliemt (1980) 37ff; in kürzerer, präzisierter Form Mumy (1987) 277ff.

[90] Nozick (1974) 151.

[91] Ebd. 153ff. Hierin besteht auch eine weitere Kritik Nozicks an Rawls. Rawls' Gerechtigkeitstheorie nimmt auf Endzustände Bezug; vgl. Nozick (1974) 198ff.

[92] Locke (1690) 287; Hervorhebungen im Original.

> the Preservation of the Life, the Liberty, Health, Limb or Goods of another."[93]

Hierin sind zwei Grundgedanken enthalten. Zum einen wird Individuen gleicher Art der gleiche Rang in der "Gemeinschaft der Natur" zugebilligt. Daraus ergibt sich, daß allen die gleichen Rechte geschuldet werden. Zum anderen werden aus der (religiösen) Tradition heraus Menschen als die "Krone der Schöpfung" betrachtet, und alle "untergeordneten" Lebewesen sind nur zu deren Nutzen geschaffen. Dieser zweite Gedanke ist offensichtlich speziezistisch und anthropozentrisch. Es genügt nicht, darauf zu verweisen, daß andere untergeordnet und daher nur zu unserem Nutzen vorhanden sind. Eine rationale Werttheorie muß die *Eigenschaften* angeben, aus denen sich eine Ordnung der Werte ergibt. Viele dieser Eigenschaften, die uns für das Zuschreiben von Rechten relevant erscheinen, treffen aber nicht nur auf Menschen zu, sondern (zumindest in gewissem Grade) auch auf Tiere.

Lockes Grundgedanke ist eine Variante des Universalisierungsprinzips bezogen auf Rechte. Wenn man die ungerechtfertigte Einschränkung des Naturrechtsgedankens auf Menschen aufgibt,[94] läßt sich die naturrechtliche Fundierung von Normen und Institutionen zwanglos ausdehnen, so daß auch Tieren Rechte zukommen. Diese Linie der Argumentation wird von vielen Philosophen, die mit Fragen der Tierethik befaßt sind, eingeschlagen. An erster Stelle ist hier Feinbergs bekannt gewordener Aufsatz zu nennen - einer der ersten, der dieses Thema aufgegriffen hat.[95]

Feinberg geht davon aus, daß es grundsätzlich eine Korrelation zwischen Rechten und Pflichten gibt. A's Recht auf x bedeutet für alle anderen die Pflicht, A x nicht vorzuenthalten. Diese Korrelation ist rein logischer Natur und *streng zu unterscheiden* von der These, daß, wer Rechte hat, auch Pflichten habe.[96] Daneben gibt es noch eine dritte Möglichkeit, das Verhältnis von Rechten zu Pflichten zu denken. Rechte können Pflichten begründen. Zur Debatte stehen also drei Thesen.

> (i) Logische Korrelation: A's Recht auf x ist *gleichbedeutend* mit der Pflicht anderer, A x nicht vorzuenthalten.

---

93 Ebd 289; Hervorhebungen im Original.

94 Nach Rodman (1979) kennt das antike Naturrecht diese Einschränkung nicht. Sie wurde erst im siebzehnten Jahrhundert durch Hugo Grotius eingeführt.

95 Feinberg (1974). Weitere "Pionierarbeiten" sind Godlovitch (1971), Midgley (1973) und Broadie/Pybus (1974).

96 Feinberg (1973) 61. Vgl. auch Bunge (1989) 101f.

(ii) Begründungsverhältnis: A's Recht auf x begründet die Pflicht anderer, A x nicht vorzuenthalten.

(iii) Subjektgebundenheit von Rechten und Pflichten: A's Recht auf x ist an A's Pflichten gebunden und umgekehrt.

Die erste Position begründet zusammen mit dem Universalisierungsprinzip Rechte der Tiere, aus denen logisch auf unsere Pflichten Tieren gegenüber geschlossen werden kann. Rechte sind den Pflichten allerdings nicht vorgeordnet. Man kann ebensogut, etwa aus unserer Pflicht, Leben nicht (grundlos) zu zerstören, auf ein (eingeschränktes) Lebensrecht aller Lebewesen schließen.

In der zweiten Position wird über eine Explikation von Rechten und Pflichten hinausgegangen und ein Begründungsverhältnis behauptet. Rechte sind Pflichten vorgeordnet. Pflichten können nur durch Rechte begründet werden und eine Letztrechtfertigung kann sich nur auf Rechte beziehen. Dagegen trifft die erste Position in dieser Frage keine Entscheidung. Allerdings sind die Pflichten, die durch Rechte begründet werden, genau die, die logisch abgeleitet werden können. Beide Positionen sind also eng verwandt.[97] In der zweiten sind Rechte (ontologisch) vorgeordnet, und sie scheint besser zu einer individualistisch-teleologischen Begründung von Normen zu passen, da sich Rechte unmittelbar aus zu schützenden Interessen von Individuen ergeben.

Mit der dritten Position werden Tieren Rechte abgesprochen. Da sie offensichtlich keine Pflichten haben, haben sie auch keine Rechte. Tiere können deswegen keine Pflichten haben, weil sie nicht handeln können, sondern in ihrem Verhalten weitgehend festgelegt sind. Und es ist der gleiche Grund, weshalb sie keine Rechte haben. Rechte sind in dieser Perspektive in erster Linie, *Rechte etwas zu tun* und nicht *Rechte gegen dritte*, die Pflichten der anderen begründen oder bedeuten. Die These der logischen Korrelation wird von dieser Position aus zurückgewiesen.[98] Daß Tiere keine Rechte haben, ist nach dieser Auffassung durch eine einfache Überlegung plausibel:

> "If animals have rights, the cat invades the right of the mouse, the tiger of the cow etc."[99]

Diese Überlegung führt nach McCloskey die Absurdität von Rechten für Tiere vor Augen. Der naheliegende Einwand, daß die Rechte der Tiere keine

---

[97] Zum Verhälnis beider Positionen zueinander vgl. Montague (1980).

[98] McCloskey (1965) 118f, (1979) 28.

[99] McCloskey (1965) 123.

absoluten Rechte, sondern nur Rechte gegen rational Handelnde sind, also Rechte der Tiere gegen Menschen, läßt McCloskey aus begrifflichen Gründen nicht gelten. Dieser Einwand macht Gebrauch von dem Begriff "Rechte gegen Dritte", der mit McCloskeys Begriff von Recht unvereinbar ist. Allerdings kann der Einwand, der als Einwand gegen den Ausschluß der Tiere als mögliche Träger von Rechten gemeint war, auch als Einwand gegen McCloskeys Rechtsbegriff aufgefasst werden.[100] McCloskey fehlen die Argumente, die die These der logischen Korrelation widerlegen. Die Ablehnung von Rechten gegen Dritte erschwert es oder macht es unmöglich, eine konsistente Auffassung von "Recht" zu entwerfen oder auch nur Grundrechte zu formulieren. Mit der Anerkennung von Rechten gegen Dritte (Position (i) oder (ii)) wird die These zurückgewiesen, daß die fehlende Fähigkeit zu vernunftgeleitetem Handeln auch das Fehlen von Rechten begründet. Wer eine naturrechtliche Grundhaltung der Locke'schen Art akzeptiert, muß auch akzeptieren, daß damit ein Recht auf Leben und Gesundheit auch für Tiere gegeben ist.[101] McCloskey selbst schreibt:

> "If animals have rights, the case for vegetarianism is *prima facie* very strong, and it is comparable with the case against cannibalism."[102]

Im folgenden ist noch zu untersuchen, Rechte welcher Art Tieren zukommen können. Dazu ist es notwendig zu betrachten, was überhaupt Rechte begründet. Das traditionelle Naturrecht gibt darauf eine dogmatische Antwort: die göttliche Ordnung.

Heute wird das Haben von Rechten meist durch das Haben von Interessen begründet.[103] Welche Entitäten Interessen haben, ist eine begriffliche und empirische Frage. Wenn Interessen Rechte begründen sollen, dann muß außerdem eine weitere präskriptive Prämisse gelten, nämlich, daß Interessen zu respektieren (d.h. moralisch relevant) sind. Die kontroverse Diskussion um die Rechte der Tiere[104] wird dadurch auf den Begriff "Interesse" verschoben. Eine Auflösung der Kontroverse kann, zumindest in einem Punkt, erreicht werden,

---

100 Vgl. Regan (1976b), Frey (1977b).

101 Vgl. P. Singer (1987) 3.

102 McCloskey (1965) 122. Hervorhebung im Original.

103 Feinberg (1974) 151. Nach Frey (1979a) geht diese Auffassung auf Leonard Nelson zurück. Vgl. auch Frey (1979b). Gegen die Verknüpfung von Rechten und Interessen argumentiert Regan (1976a) und (1979).

104 Vgl. dazu auch Frey (1977a), Narveson (1977), (1983). Für eine Bibliographie siehe Magel/Regan (1979).

wenn man anerkennt, daß nicht die Frage zu klären ist, ob Tiere *grundsätzlich* Rechte haben können, sondern die Frage, welche Art Rechte zu welcher Art von Interesse gehören. Sofern man feststellen kann, welche Interessen Tiere haben, ist auch die Frage nach den Rechten der Tiere entscheidbar. Wenn man sich aber das Problem stellt, die Klasse von Inhabern von Rechten zu ermitteln,[105] so verkennt man, daß es verschiedene Arten von Rechten gibt, die sich aus verschiedenen Arten von Interessen (unter der Voraussetzung, daß Interessen respektiert werden sollten) begründen.[106] Daß es überhaupt Rechte gibt, setzt voraus, daß vernunftgeleitete, handelnde Individuen Rechte anerkennen. Wo ein universalisierbarer, an Interessen gebundener Rechtsbegriff Anerkennung findet, können gleichzeitig Rechte von Tieren begründet werden.

Nur Individuen können Interessen haben. Artenschutz ist in dieser Konzeption nur indirekt, über die Interessen anderer an Arten begründbar. Auch einzelne Pflanzen haben keine Interessen. Zum Haben von Interessen gehört Wahrnehmung und das Haben von Wünschen und Zielen.[107]

Damit ist das Problem nicht gelöst, sondern nur auf eine andere philosophische Ebene verschoben. Haben Thermostaten, Einzeller, Würmer, Schnecken, Fische, Hunde oder Affen Wünsche und Ziele?[108] Nach unseren Alltagsauffassungen scheint es keine klare Grenze für das Zuschreiben von Interessen zu geben. Es handelt sich eher um ein Kontinuum der Intensität von Interessen. Daher liegt es nahe, eine analoge Auffassung von Rechten für Tiere und andere Organismen zu vertreten, d.h. es gibt ein mehr oder weniger an Rechten für ein Individuum, gemäß seiner natürlichen Ausstattung. Ein solches Rechtssystem zu setzen, ist im allgemeinen das Programm einer deontologischen Ethik. Wenn sich die zu setzenden Rechte jedoch auf Interessen gründen, erhält man eine teleologische Variante, die dem Utilitarismus sehr nahe kommt. Denn auch in einem System derart gesetzter Rechte gibt es Konfliktfälle und daher keine absoluten Rechte. Bei Konflikten müssen Rechte gegeneinander abgewogen werden.[109] Das Kriterium des Wägens könnte die Intensität der Interessen sein. Dann wäre ein Unterschied zum Utilitarismus

---

105 So z.B. Regan (1979).

106 Vgl. dazu auch Rachels (1983) 278.

107 Feinberg (1974) 153f. Vgl. Hirschman (1987) zu den Facetten und zur Geschichte des Begriffs "Interesse".

108 Vgl. die oben in Anmerkung 17, S.73 angegebene Literatur.

109 Vgl. VanDeVeer (1979a). Eine allgemeinere Darstellung der Problematik gibt Alexy (1986) 143ff.

nicht mehr aufweisbar, da diesen Rechten die Pflichten entsprechen, die sich aus dem Universalisierungsprinzip ergeben.

d) Zusammenfassung

In den vorhergehenden Abschnitten wurde die Möglichkeit utilitaristischer, rawlsianischer und vertragstheoretischer Begründung von Tier und Artenschutznormen untersucht. Das Universalisierungsprinzip ist für Normen konstitutiv und wird bei Rawls und im Utilitarismus vorausgesetzt. "Egoistische" Vertragstheorien können in den Fällen krassen Machtungleichgewichts beliebige, willkürliche Normen rechtfertigen und müssen durch einen Katalog geltender Grundrechte ergänzt werden. Auch von Grundrechten wird aber die Universalisierbarkeit verlangt. Daher sind die genannten ethischen Theorien im Grundsatz nicht-anthropozentrisch, ja sogar mit einer anthropozentrischen Sicht unvereinbar.

Die Überlegungen zum Utilitarismus haben deutlich gemacht, daß der Versuch, den Individuen kardinale, intersubjektiv vergleichbare Nutzenfunktionen zuzuschreiben, möglicherweise auf unüberwindliche Schwierigkeiten stößt.

Der Rawls'sche Ansatz verletzt die Bedingung des methodologischen Individualismus, und es werden Normen gerechtfertigt, die die Individuen nicht zu akzeptieren brauchen; denn daraus, daß im Urzustand der Norm zugestimmt würde, folgt noch nicht die Verpflichtung, der Norm auch als Person (mit spezifischen, individuellen Eigenschaften) zuzustimmen.

Vertragstheoretische Ansätze müssen dogmatisch Grundrechte einführen, um ausbeuterischen Gesellschaften die Rechtfertigung zu entziehen.

5.3 Soziale Wohlfahrtsfunktionen und Rechte unter Einbeziehung von Tieren

Die traditionelle Wohlfahrtsökonomik, die als eine Ausführung des utilitaristischen Programms aufgefasst werden kann, ist zweimal in ihrer Geschichte einer fundamentalen Kritik ausgesetzt worden. Erstens hatte L. Robbins dafür argumentiert, daß interpersonelle Nutzenvergleiche Werturteile seien und daß daher eine wissenschaftliche Wohlfahrtsökonomik interpersonelle Nutzenvergleiche zu vermeiden habe.[110] Die Antwort auf diese Kritik war der Versuch,

---

[110] Robbins (1932).

eine ordinale auf dem Paretoprinzip basierende Wohlfahrtsökonomik zu etablieren. Dieser Versuch ist nun, zweitens, durch Arrow kritisiert worden.[111] Arrow hat in seinem "Unmöglichkeitstheorem" gezeigt, daß es keine Soziale-Wohlfahrtsfunktion gibt, die einigen bestimmten, plausiblen Bedingungen genügt. Keineswegs aber hat diese Kritik, wie es scheint und wie manchmal behauptet wird,[112] Wohlfahrtsökonomik unmöglich gemacht. Nach Arrow wurde nicht nur der traditionell utilitaristische Ansatz der Wohlfahrtsökonomik weiterentwickelt und präzisiert, sondern in erster Linie auch eine grundsätzliche Diskussion um einen adäquaten Begriff von sozialer Wohlfahrt geführt. Darüberhinaus haben die von Arrow und anderen für die Wohlfahrtsökonomik nutzbar gemachten Instrumente eine systematische Einbeziehung von individuellen Rechten und Gerechtigkeitsaspekten möglich gemacht. Wenn im folgenden dieser neue Ansatz der Wohlfahrtsökonomik aufgegriffen wird, so ist dies als ein Versuch der Formalisierung der in 5.2 diskutierten ethischen Theorieansätze zu verstehen. Solche Formalisierungen liefern Einblicke in die logische Struktur der Theorien. Dies dient, erstens, der Prüfung der Konsistenz von Theorien. Zweitens werden die unterliegenden Annahmen (die Axiome der Theorie) herausgearbeitet und können auf Plausibilität geprüft werden. Drittens besitzt die Formalisierung heuristischen Wert, insofern die Sicherung der Axiome der Theorie die Forschungsrichtung bestimmt.

In 5.2 hatte ich Argumente gegeben, daß Tierschutznormen in das utilitaristische, das rawlsianische und das vertragstheoretische Programm auf "natürliche" Weise integriert werden können, ja im Gegenteil, daß ein Ausschluß von Tieren ganz "künstlich" und abwegig erscheint. Im folgenden Abschnitt a) will ich zeigen, daß auch die Wohlfahrtsökonomik ganz selbstverständlich die Wohlfahrt der Tiere zu berücksichtigen hat. Abschnitt b) bemüht sich dann, eine Skizze der Präzisierungen der Normenbegründungsprogramme zu geben, die in der modernen Wohlfahrtsökonomik diskutiert werden. Die Einbeziehung von Tieren ändert dabei nichts an der theoretischen Struktur wohlfahrtsökonomischer bzw. ethischer Theorien. Die Änderungen betreffen den Bereich der Individuen, denen Wohlfahrtsempfindungen zugerechnet werden und die also bei der Beurteilung von Handlungen berücksichtigt werden müssen.

---

[111] Arrow (1950) und (1951).

[112] Z.B. Ulrich (1989) 74, 76.

a) Wohlfahrt und Tiere

Der Begriff "Wohlfahrt" ist ein Begriff, der in der normativen Ökonomik zwar weit verbreitet, aber auch besonders unbestimmt ist. Zunächst ist zwischen individueller und sozialer Wohlfahrt zu unterscheiden. Der Begriff der sozialen Wohlfahrt ist Gegenstand von Abschnitt b).

Die Versuche, den Begriff individueller Wohlfahrt zu präzisieren, können in zwei Kategorien eingeteilt werden. Erstens kann Wohlfahrt an den Begriff des Glücks gebunden werden. Eine höhere Wohlfahrt wird erreicht, wenn die Momente des Glücks verlängert werden oder die Intensität des Glücks gesteigert wird. Der Begriff des Glücks selbst ist zwar nicht präzise und kann hier nicht präzisiert werden, wichtig ist, daß er für die psychischen Zustände steht, in denen sich Individuen befinden (Hedonismus).

Zweitens, und dieser Wohlfahrtsbegriff hat sich nach und nach in der Ökonomik durchgesetzt, wird die Erfüllung von Wünschen als Wohlfahrtsmaßstab angesehen. Beide Begriffe sind nicht identisch, wie man leicht sehen kann, wenn man an Fälle denkt, wo zwar ein lange gehegter Wunsch in Erfüllung geht, aber dabei nicht recht Glück oder Freude empfunden wird.[113]

Dieser zweite, mit der Wunscherfüllung verbundene Wohlfahrtsbegriff soll hier verwendet werden, da er einen leichteren empirischen Zugriff gestattet. Die Wünsche von Individuen, ihre Präferenzen, sind durch Befragung oder Beobachtung des Wahlverhaltens zugänglich, während die psychischen Zustände des Wohlbefindens nicht unmittelbar zugänglich sind. Das Problem dieses Ansatzes, Wohlfahrt an geoffenbarte Präferenzen zu binden, ist, daß, was immer ein Individuum tut, als das angesehen wird, was für das Individuum gut ist. Es gibt *per definitionem* keine Handlung, die (ex ante) nicht im Interesse des Individuums ist. Dieses Konzept individueller Wohlfahrt als Erfüllung aktueller Präferenzen hat den Vorteil, hinreichend präzise zu sein. Schwierigkeiten treten dann auf, wenn die Individuen nicht vollständig rational sind und etwa ihre zukünftigen Bedürfnisse unterschätzen. (Bestimmte Verhaltensweisen, die bei Kindern und Drogenabhängigen, aber auch bei allen anderen vorkommen, könnten so beschrieben werden.) Man kann dann versuchen, diesen Begriff individueller Wohlfahrt so zu modifizieren, daß nicht jede Handlung auch schon als eine Handlung im eigenen Interesse anzusehen ist, d.h., daß eine größtmögliche Befriedigung aktueller Präferenzen nicht immer

---

113 Vgl. zu dieser Einteilung Griffin (1986) 7ff und Parfit (1984) 493ff. Parfit nennt zusätzlich eine dritte Kategorie, die an objektive Interessen anzuknüpfen versucht.

auch zur höchstmöglichen Wohlfahrt führt.[114] Der vorliegende Mangel an Handlungsrationalität führt dazu, einen Begriff von individueller Wohlfahrt einzuführen, der sich nicht an aktuellen Präferenzen, sondern am vermuteten langfristigen Besten orientiert. Dem Vorzug der intuitiven Plausibilität dieses Ansatzes steht die Schwierigkeit gegenüber, kurz- und langfristige Präferenzen gegeneinander abzuwägen, die sich gerade nicht isoliert in den Wahlhandlungen zeigen. Das Entscheidende aber ist, daß in beiden Fällen der Wohlfahrtsbegriff an eine Wahlhandlung geknüpft wird. Die Fähigkeit, solche Wahlhandlungen vorzunehmen, ist das Kriterium für die Berücksichtigung von Individuen bei den zu begründenden Normen. Zu den Individuen, denen wir diese Fähigkeiten zusprechen, gehören nicht nur Menschen, sondern auch Tiere.[115] Wir können Individuen, sofern sie Präferenzen haben, eine Wohlfahrtsfunktion zuordnen.[116]

Alle Individuen mit Präferenzen sind Mitglieder der Gesellschaft im Sinne der Wohlfahrtsökonomik. Gesellschaftliche Normen sind Verfahrensweisen oder Regeln, die bestimmen, welche Handlungen, unter einer gegebenen Präferenzordnung für jedes Individuum, die richtigen sind. Mit der Angabe dieser Regeln und Verfahrensweisen wird gleichzeitig ein Begriff sozialer Wohlfahrt definiert, insofern diese Regeln nach Maßgabe der individuellen Präferenzen einen gesellschaftlichen Zustand als optimal bestimmen. Mit Art und Begründung dieser Regeln befaßt sich die Social-Choice Theorie und die von ihr geprägte politische Philosophie.

b) Social-Choice Theorie: Eine Präzisierung ethischer Theorien

Im Zentrum der Social-Choice Theorie steht der Begriff der Sozialen-Wohlfahrtsfunktion (*swf*). Eine *swf* ist ein mögliches Instrument, gesellschaftliche Zustände vergleichend zu bewerten, wobei die Bewertungskriterien als Eigenschaften der *swf* repräsentiert sind. Die Social-Choice Theorie geht dabei grundsätzlich von der Voraussetzung des methodologischen Individualismus aus, d.h. die gesellschaftliche Bewertung von Zuständen basiert allein auf den

---

114 Vgl. dazu Broome (1978a) 322f, Elster (1979) und Griffin (1986) 10ff.

115 Vgl. S.73ff.

116 Dies können ordinale oder kardinale Wohlfahrtsfunktionen sein. Wenn ein Individuum in der Lage ist, nicht nur zwischen Güterbündeln, sondern auch zwischen Lotterien von Güterbündeln zu wählen, dann kann die ordinale Präferenzordnung als kardinaler von-Neumann-Morgenstern-Nutzen aufgefaßt werden. Das Maß, in dem dies einem Individuum möglich ist, könnte *ein* Rationalitätsmaß sein.

Bewertungen der Individuen. Die *swf* kennzeichnet einen Aggregationsprozeß, mit dem aus der Menge der individuellen Wohlfahrtsfunktionen eine einzige Wohlfahrtsfunktion gewonnen wird. Die Gestaltung dieser Aggregation bestimmt den Begriff der sozialen Wohlfahrt. Für den utilitaristischen Wohlfahrtsbegriff beispielsweise ist der Aggregationsmechanismus eine einfache Addition der individuellen Nutzen. Der beste Zustand ist durch das Maximum der aggregierten Nutzenfunktion gegeben. Aber auch für andere Aggregationsmechanismen lassen sich sinnvolle Optimalitätskriterien einführen, wie von Bergson gezeigt worden ist.[117] Eine *swf* ist eine Funktion über einer Menge von sozialen Zuständen. Dieses Konzept ist von Arrow modifiziert worden. Er gibt die folgende Definition:

> "By a *social welfare function* will be meant a process or rule which, for each set of individual orderings $R_1, ..., R_n$ for alternative social states (one ordering for each individual), states a corresponding social ordering of alternative social states, R."[118]

Eine soziale Wohlfahrtsfunktion im Sinne von Arrow (*SWF*) ist also eine Abbildung individueller Präferenzordnungen auf eine einzige Präferenzordnung. Arrow unterstellte ein ordinales Wohlfahrtskonzept und führte erstmals die Notation binärer Relationen in die Wohlfahrtsökonomik ein,[119] was gewissermaßen die Social-Choice Theorie begründet hat.[120] Die wichtigsten Elemente dieser Notation sind hier kurz vorzustellen.[121]

Die Präferenzordnung R_i des Individuums i ist eine Menge von geordneten Paaren von Zuständen (x, y). Wenn $(x, y) \in R_i$ ist, so schreibt man auch $x R_i y$; mit der Interpretation: "Für i ist x gleich gut oder besser als y".

Die strikte Präferenz "Für i ist x besser als y" wird als $x P_i y$ geschrieben.

Für die soziale Präferenz "x ist gesellschaftlich gleich gut oder besser als y" wird $x R y$ (ohne Index) geschrieben; entsprechend für $x P y$ die strikte Präferenz.

Die Menge aller individuellen Ordnungen in einer sozialen Entscheidungssituation heißt Präferenzprofil (der Gesellschaft), darstellbar als

---

[117] Bergson (1938). Vgl. Sen (1986) 1074ff. Die *swf* wird auch als "Bergson-Samuelson social welfare function" bezeichnet.

[118] Arrow (1951) 23; Hervorhebung im Original.

[119] Arrow (1950) und (1951) 11ff.

[120] Für einen ausführlichen Überblick vgl. Sen (1986).

[121] Vgl. für eine Einführung in die Notation auch Sen (1970a) Chap. 1*.

$\{R_1, ..., R_i, ..., R_n\}$ mit $i \in N = \{1, ..., n\}$, wobei $\{1, ..., n\}$ die Menge aller Individuen der Gesellschaft bezeichnet.

$X = \{x, y, z, ...\}$ ist die Menge möglicher (sich gegenseitig ausschließender) sozialer Zustände, über deren Verwirklichung zu entscheiden ist.

Mit diesem (in diesem Kontext neuen) Instrumentarium konnte Arrow sein bekanntes Unmöglichkeitstheorem zeigen,[122] auf das hier nicht weiter einzugehen ist. Von Interesse ist hier zu zeigen, wie dieses Instrumentarium zur Formalisierung ethischer Theorien verwendet werden kann. Dazu werden zwei Ergebnisse der Social-Choice Theorie vorgestellt. Das erste betrifft das Verhältnis von Utilitarismus und Rawls' Gerechtigkeitstheorie, das zweite den für die Vertragstheorien fundamentalen Begriff des Rechts.

(i) Ausgangspunkt ist die Überlegung, wie aus der Perspektive eines neutralen Beobachters (ethical observer) das Problem, eine adäquate *swf* zu bestimmen, zu lösen ist. Dazu werden verschiedene Adäquatheitsbedingungen vorgeschlagen:[123]

SP: das strenge Pareto-Prinzip, das verlangt, das ein Zustand x einem Zustand y gesellschaftlich vorgezogen wird, wenn mindestens ein Individuum x y vorzieht und es kein Individuum gibt, daß die umgekehrte Präferenz ($y P_i x$) hat.

I: die Bedingung der Unabhängigkeit von irrelevanten Alternativen, die besagt, daß die gesellschaftliche Ordnung aller Paare von Zuständen (x, y) ausschließlich nach Maßgabe der individuellen Nutzen bezüglich x und y erfolgt.

---

[122] Arrow (1950) und (1951) 46ff. Das Theorem besagt, daß es keine *SWF* gibt, die die folgenden Bedingungen erfüllt. U (unbeschränkter Definitionsbereich): Jedes Individuum darf eine beliebige Präferenzordnung haben. P (schwaches Pareto Prinzip): Wenn Zustand x von allen Individuen einem Zustand y vorgezogen wird, dann soll x auch sozial y vorgezogen werden. I (Unabhängigkeit von irrelevanten Alternativen): Betrachtet man ein Paar von Alternativen (x, y) und zwei verschiedene Präferenzprofile die (x, y) für alle i in gleicher Weise ordnen, dann soll die soziale Präferenz bezüglich (x, y) für beide Profile gleich sein. D (nicht-Diktatorbedingung): Es existiert kein Individuum dessen strikte Präferenz sich immer durchsetzt, ganz gleich, welche Präferenzen die anderen Individuen haben. Für die Gültigkeit des Theorems ist es wichtig, die Transitivität (als eine Bedingung kollektiver Rationalität) der *SWF* zu fordern. Vgl. auch Sen (1970a) Chap. 3 und 3*, Gaertner (1978) und Kelly (1988) Chap. 7.

[123] Ich beziehe mich hier auf d'Aspremont/Gevers (1977).

A: die Bedingung der Anonymität, die besagt, daß die einzelnen Nutzen gleich gewichtet werden, unabhängig davon, welches Individuum den Nutzen erfährt.

Diese Bedingungen werden nun sowohl durch das lexikalische Maximin-Prinzip als auch durch das utilitaristische Prinzip der Nutzensummenmaximierung erfüllt.[124] Welches dieser beiden Prinzipien ein neutraler Beobachter wählen würde, hängt von der Information bezüglich der individuellen Nutzen ab, genauer davon, welche Möglichkeiten, Nutzen interindividuell zu vergleichen, gegeben sind. Wenn die Information (kardinale) Nutzenvergleiche bezüglich der Nutzen*änderungen*, die die Individuen beim Übergang von Zustand x in Zustand y erfahren, zuläßt, dann ist die utilitaristische Maximierungsregel die *swf*, die die Axiome **SP**, **I** und **A** erfüllt. Ist dagegen eine (ordinale) Vergleichbarkeit der Nutzen*niveaus* möglich, dann ist das lexikalische Maximinprinzip eine *swf*, die **SP**, **I** und **A** erfüllt. Das lexikalische Maximinprinzip entspricht dem Rawls'schen Unterschiedsprinzip: Die Wahl zwischen je zwei gesellschaftlichen Zuständen (x, y) soll stets von dem nicht-indifferenten Individuum getroffen werden, das in x bzw. y am schlechtsten gestellt ist.[125]

Ein Ergebnis ist hier, daß die für Nutzenvergleiche verfügbare Informationsbasis für die Wahl der *swf* entscheidend ist.

(ii) Aus der Perspektive des Liberalismus sind individuelle Rechte ein grundlegender Bestandteil der Ethik. In der traditionellen Wohlfahrtsökonomik hat der Begriff des Rechts keinen Platz bei der Auswahl des sozial besten Zustandes. Sen hat den Begriff des Rechts in die Social-Choice Theorie eingeführt und die dabei auftretenden Schwierigkeiten aufgezeigt. Sen formuliert drei Bedingungen:[126]

U (unbeschränkter Definitionsbereich): Jedes logisch mögliche Präferenzprofil ist zugelassen.

WP (schwaches Pareto Prinzip): Wenn $x P_i y$ für alle $i \in$ N, dann auch $x P y$.

---

[124] d'Aspremont/Gevers (1977) 203f.

[125] Vgl. Rawls (1971) 103 und 111f, Sen (1970a) 135ff, Hammond (1976), Gaertner (1981) und vorn S.88.

[126] Sen (1970b).

L (Liberalismus - individuelle Freiheit): Für jedes Individuum gibt es wenigstens ein Paar von Alternativen (x, y), so daß, wenn $x P_i y$, dann auch $x P y$.

Die Bedingung **L** begründet Sen wie folgt:

"The intention is to permit each individual the freedom to determine at least one social choice, for example, having his own walls pink rather than white, other things remaining the same for him and the rest of the society."[127]

Sen hat nun ein Unmöglichkeitstheorem bewiesen, das besagt, daß die drei Bedingungen **U**, **WP** und **L**, so selbstverständlich sie für sich genommen scheinen mögen, nicht gleichzeitig gelten können, d.h. es gibt keine soziale Entscheidungsfunktion die **U**, **WP** und **L** erfüllt.[128] Man kann nämlich für eine beliebige Menge von sozialen Zuständen immer ein Präferenzprofil angeben, so daß für jedes mögliche Auswahlelement entweder **WP** oder **L** verletzt wird, d.h. es gibt immer ein Präferenzprofil, für das kein Zustand x existiert, der **WP** und **L** erfüllt.

In den Stellungnahmen zu Sens Unmöglichkeitstheorem werden drei Positionen bezogen. Die erste erkennt das Ergebnis "kommentarlos" an und folgert, daß der Utilitarismus, der eine (sogar stärkere) Version des Paretoprinzips voraussetzt, mit individuellen Rechten nicht zu vereinbaren ist.[129] Die zweite Position kritisiert Sens Verwendung des Rechtsbegriffs. Rechte seien nicht Bestandteil sozialer Auswahlregeln, sondern Beschränkungen der Auswahlmöglichkeiten.[130] Eine dritte Kategorie der Stellungnahmen versucht, die Ursachen, die in das Paradox führen, aufzudecken und Modifikationen einzuführen, so daß das Paradox vermieden werden kann.[131] Das Paradox tritt genau bei solchen Präferenzprofilen auf, in denen die Individuen *bedingte Präferenzen* haben, d.h. Präferenzen, die von den Präferenzen anderer abhän-

---

127 Ebd. 153.

128 Ebd. 153f. Eine soziale Entscheidungsfunktion bestimmt für jede Teilmenge möglicher Alternativen ein (oder mehrere) Auswahlelement(e). Es wird nicht die Existenz einer vollständigen sozialen Ordnung verlangt (wie es bei Arrows Theorem der Fall ist), sondern nur, daß, gegeben die sozialen Auswahlkriterien (Axiome), die Entscheidungsfunktion ein bestes Element besimmt. (Konkret bedeutet das, daß Präferenzzyklen in den "unteren" Abschnitten der Präferenzordnung vorkommen können.)

129 Etwa Sen (1979).

130 Etwa Nozick (1974) 166.

131 Etwa Gibbard (1974) und Pressler (1987).

gen. Durch eine Modifikation des Rechtsbegriffs können auch für diese Fälle Lösungen erzeugt werden. Ein Rechtssystem mit "veräußerbaren" Rechten ist mit der Paretobedingung zu vereinbaren.[132] Absolute Rechte sind unvereinbar mit ökonomischer Vernunft.

Um ein Fazit zu ziehen: Die Social-Choice Theorie als eine Teiltheorie der Wohlfahrtsökonomik hat ein methodisches Werkzeug bereitgestellt, normativ-ethische Fragen in präzisierter Form zu diskutieren. Mindestens auf diesem Theoriegebiet sind Ethik und Ökonomik bereits vollkommen ununterscheidbar.

5.4 Diskussion einiger spezieller Normen

Die Diskussion der vorangegangenen Abschnitte hat zweierlei gezeigt. Erstens hat die Wohlfahrtsökonomik mit der Social-Choice Theorie ein Instrument entwickelt, mit dem verschiedene ethische Theorien präzisiert werden können. Die zweite Feststellung, die festgehalten werden muß, ist, daß Tiere (zumindest die höheren Tiere) Präferenzen haben, und daß es keine Begründung dafür gibt, die Wohlfahrt der Tiere unberücksichtigt zu lassen. Im folgenden soll die vorherige Diskussion auf einer niederigeren Abstraktionsstufe fortgesetzt werden. Wurde bisher diskutiert, welche grundsätzlichen Überlegungen bei der Normenbegründung eine Rolle spielen, so soll jetzt am Beispiel der Zusammenhang zwischen ethischen und ökonomischen Überlegungen verdeutlicht werden. Dazu werde ich einige Fragen herausgreifen, die philosophisch und wegen ihrer wirtschaftlichen Bedeutung interessant sind. Es wird nicht möglich sein, die herausgegriffenen Fragen umfassend zu diskutieren. Sicherlich gibt es zu jeder von ihnen Aspekte, die unberücksichtigt bleiben. In jedem der folgenden drei Abschnitte, in denen ich auf Haltungsbedingungen, das Töten und die Züchtung von Tieren eingehe, werde ich versuchen, exemplarisch aufzuzeigen, was es im einzelnen heißt, Tiere gleich zu behandeln, wenn es keinen moralisch relevanten Unterschied gibt.

a) Haltungsbedingungen von Tieren

Um Klarheit darüber zu gewinnen, welche Aspekte die Haltungsbedingungen von Tieren bestimmen sollten, gilt es, die Interessen der Beteiligten festzustellen und gegeneinander abzuwägen. Am Beispiel landwirtschaftlicher Nutztiere möchte ich zeigen, wie dies geschehen kann.

---

[132] Gibbard (1974).

Wessen Interessen werden von den Haltungsbedingungen der Tiere berührt? Auf der einen Seite sind sicherlich die Tiere, die ein Interesse an artgerechten Lebensbedingungen haben, zu nennen. Auf der anderen Seite sind die Tiernutzer, von denen zwei Gruppen unterschieden werden können: landwirtschaftliche Unternehmen und Verbraucher. Die Gruppe der Tierschützer steht in gewisser Weise zwischen beiden Seiten.

Die Interessen der Tiere, um damit zu beginnen, sind Interessen an subjektivem Wohlbefinden. Das in der Diskussion häufig vorgebrachte Stichwort "artgerecht" meint, daß ein Standard definiert werden kann, der es den Tieren erlaubt, ihren Trieben zu folgen, denen sie (genetisch oder konditioniert) unterworfen sind. Das subjektive Wohlbefinden von Tieren kann mit Hilfe verschiedener objektiver Merkmale näherungsweise erfaßt werden. Zu diesen Merkmalen gehören etwa Mortalitätsraten und Daten zur Tiergesundheit, die Indikatoren für die Artgerechtigkeit eines Haltungssystems darstellen.[133]

Das Interesse der Landwirtschaft an der Tierhaltung ist die Erwirtschaftung von Einkommen. Nutztierhaltung ist ein wichtiger Betriebszweig landwirtschaftlicher Unternehmen.[134] Die Haltungsbedingungen der Tiere richten sich nach der Rentabilität des jeweiligen Tierhaltungssystems, soweit kein engerer gesetzlicher Rahmen gesteckt ist. Eine differenzierte Betrachtung der Wirkung des "ökonomischen Zwangs" zur Suche nach dem rentabelsten Tierhaltungssystem ist hier geboten. Weder der pauschale Vorwurf, das Gewinnstreben der Landwirtschaft gehe auf Kosten der Tiere, noch die Behauptung, Gewinninteresse schließe ein Höchstmaß an Tiergesundheit ein, sind in dieser Form richtig. Beide Behauptungen enthalten einen wahren Kern, den es herauszuarbeiten gilt. Zunächst ist festzuhalten, daß die Rentabilität der Tierhaltungssysteme, also der Produktionsverfahren zur Erzeugung von tierischen Produkten, von verschiedenen Faktoren abhängig ist. Auf der einen Seite sind die Kosten für die Erzeugung eines Produktes, auf der anderen Seite ist der Preis des Produktes zu nennen. Auf der Kostenseite gibt es einige Aspekte, wie Tierverluste oder Leistungsminderungen durch aufstallungsbedingte Verletzungen oder Krankheiten, die gewinnmaximierenden Unternehmen eine artgerechte Tierhaltung nahelegen. Jedoch gibt es auch gegenläufige Kostenaspekte. Aus Kostengründen wird der Bewegungsraum von Tieren einge-

---

[133] Vgl. Fölsch (ed., 1978), Sambraus (1982) und Tschanz (1985). Vgl. Teutsch (1987) 262ff zu "Wohlbefinden" und "Wohlbefindensprinzip".

[134] Der Produktionswert der tierischen Erzeugnisse liegt in der EG etwa 20% (in der BRD etwa 100%) über dem Produktionswert für pflanzliche Erzeugnisse (1988).

schränkt, oder es werden Fütterungsmethoden verwendet, die das Wohlbefinden der Tiere beeinträchtigen. Um Kosten der Arbeitserledigung einzusparen, sind Ställe mit Spaltenböden ausgestattet. Leiden und Beeinträchtigungen des Wohlbefindens der Tiere werden in einem Maße hingenommen, das sich an den Kosten der Vermeidung orientiert.[135] Insofern muß dem genannten Vorwurf der Tierschützer, wie dem Argument der Tiernutzer, widersprochen werden.[136]

Weiterhin ist der Einfluß des Preises auf die Rentabilität der Erzeugung tierischer Produkte zu betrachten. Eine wichtige Bestimmungsgröße für den Preis sind die Verbraucherpräferenzen, womit die dritte Interessengruppe angesprochen wäre. Eine Präferenz für helles Kalbfleisch macht eine widernatürliche Fütterung der Kälber ohne Rauhfutter erst rentabel. Wenn haltungs- und züchtungsbedingt nur Schweinefleisch geringer Qualität erzeugt wird, das nur einen geringen Preis erzielt, so hat dies Rückwirkungen auf die Rentabilität der üblichen Schweinehaltung. Durch Unterschiede in den Produktionsverfahren entstehen unterschiedliche Produkte, wenn die externen Effekte der Produktion dem Produkt zugerechnet werden. Dabei ist es auch eine Frage der Vermarktung, inwiefern dies den Verbrauchern bewußt ist. Hier soll aber nur deutlich gemacht werden, daß gerade auch Verbraucher Einfluß auf und damit Verantwortung für die Produktionsbedingungen haben. Verschiedene (moralisch oder politisch motivierte) Initiativen versuchen deshalb, darauf aufmerksam zu machen, daß die Produktionsbedingungen zu einem Produkt gehören. Wer ein Ei kauft, kauft nicht nur ein Ei, sondern legitimiert mit diesem Kauf das Produktionsverfahren. Aus diesem Grunde und nicht nur wegen der Inhaltsstoffe oder des Geschmacks sind Eier aus Batterie- und Eier aus Freilandhaltung zwei verschiedene Produkte.[137]

Die letzte Interessengruppe, die kurz zu beschreiben ist, ist die der Tierschützer. Ihre Mitglieder können durch altruistische Präferenzen gekennzeichnet werden. Ihr eigenes Wohlbefinden hängt unter anderem vom Wohlbefinden der Tiere ab. Ihre Präferenzordnung ist durch die eigene Versorgung mit

---

135 Vgl. Weinschenck/Laun (1983) 70ff.

136 In dieser Debatte hat es viel unangemessene Polemik gegeben. Ein neueres Beispiel ist Ziche (1990).

137 Vgl. auch Scholz (1981). Die Bereitschaft einzelner, mehr für ein Ei aus artgerechterer Haltung zu zahlen (vgl. Patzig (1983, 340), löst die moralische Aufgabe nicht. Es geht mehr darum, den politischen Willen zu entwickeln, die (moralischen) Rechte derer durchzusetzen, die dies nicht selbst können.

Gütern und Diensten und die der Tiere bestimmt.[138] Das Vorliegen altruistischer Präferenzen steigert die "Rentabilität" von Tierschutzmaßnahmen, da nicht nur das Wohlbefinden der Tiere, sondern auch das Wohlbefinden der Tierschützer steigt.[139]

Diese grobe Skizze der Interessen ermöglicht es, einen Rahmen für gerechte Tierhaltungsbedingungen anzugeben. Nach dem Pareto-Kriterium sind zunächst solche Maßnahmen geboten, die die Lage der Tiere verbessern, ohne zu Einkommensverlusten in der Landwirtschaft und zu Nutzenverlusten der Verbraucher zu führen. Dazu gehört beispielsweise die Produktdifferenzierung. Viele Verbraucher sind bereit, für tierische Produkte aus artgerechter Tierhaltung mehr zu zahlen. Landwirtschaftliche Betriebe können ihre Produktion soweit auf artgerechte Haltungssysteme umstellen, bis die Nachfrage befriedigt werden kann.[140] Darüber hinaus sind mit dem Universalisierungsprinzip Auflagen für Tierhalter zu rechtfertigen, auch wenn diese mit Einkommensverlusten verbunden sind und einen Nutzenentgang für die Verbraucher bedeuten. Dazu ein (ver)einfach(t)es Beispiel: Eine Gruppe von Menschen sichert ihre Ernährung unter anderem durch den Verzehr von Schweinefleisch. Eine artgerechte Schweinehaltung ermöglicht den Menschen nur eine unzureichende Ernährung, so daß sich Mangelkrankheiten einstellen. Unter der Annahme, daß der Mangel nur beseitigt werden kann, wenn auf artgerechte Tierhaltung verzichtet wird, muß nach einem fairen Ausgleich der Interessen gesucht werden. Es könnte eine Einschränkung des Wohlbefindens der Tiere in einem Maße, das den Leiden der Menschen entspricht, als gerechtfertigt angesehen werden. Diese Sichtweise hat mehrere Voraussetzungen. Zunächst wird vorausgesetzt, daß Menschen grundsätzlich Tiere für sich in Besitz nehmen und nutzen dürfen, d.h. Tiere werden als Ressource betrachtet. Andererseits sind sie in dem Sinne Mitglieder der Gesellschaft, daß ihnen gleiche Rechte geschuldet werden. Die Lasten der Knappheit werden auf alle gleichermaßen verteilt. Diese Auffassung scheint aus der utilitaristischen und der liberalistischen Sicht ableitbar zu sein. Unterstellt man die Möglichkeit eines intersubjektiven Nutzenvergleichs, der sich auf Analogieschlüsse stützt, und abnehmenden Grenznutzen der Individuen, so erhält man eine Verteilung der Lasten der

[138] Boulding (1969) 8 spricht in ähnlichem Zusammenhang von einer "rate of benevolence".

[139] Ähnliche Überlegungen bei Sen (1973) 255 und Ng (1979) 7ff. Harsanyi (1955) 315 führt den Begriff der ethischen Präferenzen ein, die die moralischen Werthaltungen einzelner Individuen ausdrücken.

[140] Daß dies zur Zeit nicht der Fall ist, ist auf eine Änderung der Verbraucherpräferenzen zurückzuführen.

Knappheit, die sich am Empfindungsvermögen orientiert. Beim vertragstheoretischen Ansatz ergibt sich die Universalisierungsforderung daraus, daß die Zustimmung aller für die Legitimität einer Regelung verlangt wird. Die etablierten Rechte müssen also universale Geltung haben. Die (empirischen) Implikationen dieser Forderung hängen von der Möglichkeit, Interessen zu wägen, ab. Beim Wägen der Interessen müssen wir unsere Nutzen und Leiden mit denen der Tiere vergleichen, und dies ist möglich, insofern sie uns ähnlich sind.

Am Beispiel der Schweinehaltung kann dies weiter konkretisiert werden. Die Leistung (tägliche Zunahmen, Futterverwertung), physiologische Merkmale (Stoffwechsel, Herz- und Atemfrequenz, Hormonhaushalt und Blutbild), ethologische Merkmale (Leerlaufverhalten, abnorme Bewegungsabläufe), äußere Verletzungen und Mortalitätsziffern sind Kennzeichen des Wohlbefindens der Schweine.[141] In vergleichenden Versuchen lassen sich Auswirkungen der Haltungsbedingungen auf das Wohlbefinden von Schweinen feststellen. Diese Ergebnisse müssen in eine Nutzen-Kosten-Analyse einbezogen werden.[142] Die auch sonst üblichen Standards sind bei Bewertungsproblemen analog zu übertragen. So wiegen etwa Verletzungen schwerer als geringe Produktivitätsvorteile. Ein Produktionsverfahren, bei dem sich die Beschäftigten ständig schmerzhafte Verletzungen zuziehen, würde nicht toleriert. Aus utilitaristischer Perspektive müssen Verbesserungen eingeführt werden bis (im Idealfall) der Nutzenentgang durch den Produktivitätsverlust einer weiteren "Verbesserung" höher wäre als der zusätzliche Nutzen der Schmerzvermeidung. Solange Nutzen und Kosten bei dem selben Individuum anfallen, ist dieses Optimieren unproblematisch. Ist dies nicht der Fall, so müssen interindividuell Nutzen verglichen werden. Solange es keine Anhaltspunkte dafür gibt, daß Schweine ein geringeres Schmerzempfinden haben als Menschen, ergibt sich aus diesen Überlegungen, daß viele Aufstallungsformen in der Schweinehaltung (Sauenanbindung, einstreulose Haltung, Spaltenböden) nicht

141 Müller et al. (1985) 84f. Dort auch Hinweise auf weitere Literatur. Zu den Bedingungen artgerechter Hühnerhaltung vgl. Martin (1985).

142 Weinschenck/Laun (1983) 73f diskutieren "Gesamtwirtschaftliche Wohlfahrtsverluste" eines verbesserten Tierschutzes. Dabei fallen die Leiden und Nutzen der Tiere nicht unter ihren Wohlfahrtsbegriff. Tierschutznormen sehen sie aus einer der Ökonomik übergeordneten Ethik abgeleitet. Welche Normen gerechtfertigt sind, so Weinschenck und Laun, ist unabhängig von ökonomischen Überlegungen, die nur für die Frage der Durchsetzungsmöglichkeiten von Normen eine Rolle spielen. Vgl. auch Maier (1989) für eine neuere Untersuchung der (auf den Menschen eingeschränkten) ökonomischen Auswirkungen von Tierschutzauflagen in der Schweinehaltung.

vertretbar sind. Eine Ethik universaler Rechte kommt hier zum gleichen Ergebnis.

An dem eben diskutierten Beispiel läßt sich ein weiterer Punkt erläutern. Die Standards der Tierhaltungsbedingungen sind nicht zeitlos gültig.[143] Sie sind abhängig von den gesamtwirtschaftlichen Rahmenbedingungen. Haltungsbedingungen, die in Entwicklungsländern legitimiert sein könnten, sind in den wohlhabenderen Industrieländern nicht gerechtfertigt, da die Verletzung der Interessen der Tiere nicht notwendig zur Vermeidung der Verletzung größerer Interessen der Menschen sind. Die Lebensbedingungen vieler landwirtschaftlicher Nutztiere in der EG sind bei bestehenden Marktüberschüssen nicht zu rechtfertigen. Hier ist der Gesetzgeber gefordert, strengere Auflagen für Tierhalter zu geben und durchzusetzen.

Es gibt zwei Tendenzen, die es als wahrscheinlich erscheinen lassen, daß in Zukunft das Wohlbefinden der Tiere stärker berücksichtigt werden wird. Zum einen wirkt der größere Wohlstand breiter Bevölkerungsschichten in einer gerechten Gesellschaft sich auch zum Wohl der Tiere aus. Es gibt einen größeren "ökonomischen Spielraum", um die Lebensbedingungen auch der Tiere zu verbessern. Andererseits ändern sich die Verbraucherpräferenzen. Eine zunehmende Produktdifferenzierung, die Tierhaltungsbedingungen mit einbezieht, ist Ausdruck dieser Tendenz.[144]

Vertragstheoretisch begründete universale Rechte brauchen, wenn sie Tiere betreffen, besondere Durchsetzungsmöglichkeiten. Die vorliegende Asymmetrie, daß Tiere zwar Rechte haben, aber den Begriff des Rechts nicht verstehen können, hat zur Folge, daß sie ihre Rechte nicht einklagen können. Da rechtliche Regeln und ihre Durchsetzung immer zusammengehören,[145] wird hier eine besondere Institution gebraucht, etwa ein Verbandsklagerecht der Tierschutzverbände.

b) Töten von Tieren

Der vorangegangene Abschnitt ist eine eingeschränkte Betrachtung. Ausgehend davon, daß, gleich zu welchem Zweck, Tiere gehalten werden, wird gefordert, die Lasten der ökonomischen Knappheit gemäß dem Universalisie-

---

143 Vgl. Baumol/Oates (1971).

144 Sapontzis (1987) beschreibt drei Phasen der Entwicklung des Verhältnisses Mensch-Tier: 1. "Natural Resources", 2. "Being Kind to Animals" und 3. "Animal Liberation".

145 Vgl. vorn S.61.

rungsprinzip gleichzuverteilen. Im folgenden schließt sich eine erweiterte Betrachtung an. Zu der Frage, ob wir Tiere überhaupt nutzen und töten dürfen, werden einige Argumente vorgetragen und diskutiert.

Kant sagt, man dürfe Personen niemals bloß als Mittel, sondern müsse sie immmer auch als Zweck an sich selbst, ansehen.[146] Aus diesem Kantischen Gedanken folgt, daß niemand eine andere Person zum Eigentum haben darf. Verträge, in denen sich jemand einer anderen Person verpflichtet, sind erlaubt, unter der Bedingung und mit der Begründung, daß der Vertrag die Zwecke beider Vertragspartner repräsentiert. Ausbeutungsverhältnisse kann man dadurch charakterisieren, daß die Zwecke der Ausgebeuteten nicht oder nur unzureichend berücksichtigt sind. Wenn man sich den Kantischen Terminus "Zweck" durch "Interesse" ersetzt denkt, also den Gedanken aufgibt, daß die Vernunft ein Individuum als moralisches Subjekt auszeichnet, wodurch nur Personen als moralische Subjekte gelten, dann kann man den Grundsatz formulieren, daß jedes Individuum seine Interessen verfolgen können soll.[147] Das bedeutet, daß die Institutionen, z.B. die Rechtsverhältnisse, so zu gestalten sind, daß ein fairer Ausgleich gegensätzlicher Interessen stattfinden kann. Vor diesem Hintergrund ist festzustellen, daß die Nutzung von Tieren grundsätzlich eine legitime Institution ist, wenn das Universalisierungsprinzip der gleichmäßigen Gewichtung von Interessen Beachtung findet. Ebenso wie Menschen Vertragsverhältnisse zum gegenseitigen Nutzen eingehen, kann Tierhaltung als ein solches Vertragsverhältnis interpretiert werden.[148] Umstritten ist dabei noch, welche Nutzungsrechte an Tieren den Menschen dadurch entstehen, daß sie die Tiere "erzeugen" und versorgen. Unter a) hatte ich dafür argumentiert, daß gewisse Standards für Haltungsbedingungen festgelegt werden können, die eine Begrenzung der Nutzungsrechte darstellen. Eine weitere wichtige Frage ist nun, ob das Töten von Tieren legitimiert sein kann.

So wie der Begriff des Rechts bisher verwendet wurde, kann das Recht eines Individuums auf Leben nur durch sein Interesse zu leben begründet werden. Dieses Interesse ist gegenüber anderen Interessen übergeordnet, da das Haben von Interessen Leben voraussetzt. Was das Problem des Ausgleichs von Lebensinteressen besonders schwierig macht, ist, daß es hier kein mehr oder

---

[146] Kant (1785) 429.

[147] Nozick (1974) 39ff zieht die Einschränkung des Kantischen Programms auf Personen in Zweifel und weist eine Position, die er als "utilitarianism for animals, Kantianism for people" charakterisiert, zurück.

[148] Vgl. Sapontzis (1988) 141. Eine gegenteilige Position bezieht Patzig (1983) 339.

weniger gibt. Leben ist unteilbar. Ein Individuum lebt oder lebt nicht. Die moralische Brisanz und die ethische Problematik dieser Frage wird oft an sogenannten "lifeboat"-Situationen erläutert.[149] In einem Rettungsboot befinden sich mehrere Menschen und ein Hund. Das Boot ist überbelegt, so daß alle vor dem sicheren Untergang stehen, wenn nicht ein Individuum das Boot verläßt (getötet wird). Aus verschiedenen ethischen Perspektiven, der Utilitarismus, Rawls und die Vertragstheorien gelangen hier zum gleichen Schluß, erscheint es sinnvoll, ein Prinzip zu etablieren, das bestimmt, dasjenige Individuum zu opfern, das dadurch den geringsten Nutzenentgang erleidet. Da Tiere im Gegensatz zu (normal ausgestatteten) Menschen über Fähigkeiten, Lebenspläne und Zukunftserwartungen zu bilden, nicht oder nur in geringerem Maße verfügen, erscheint es in solchen Grenzfällen legitim, den Hund zu töten.

Der "lifeboat" Fall ist auf das Töten in Notwehrsituationen oder das Töten zur Ernährungssicherung übertragbar. Allerdings scheinen diese Bedingungen in vielen Fällen nicht zuzutreffen, da der Fleischkonsum in den Industrieländern sogar ein ernährungsphysiologisch sinnvolles Maß weit überschritten hat.

Gibt es andere Rechtfertigungen für das Töten von Tieren? Das Töten von Tieren kann immer dann gerechtfertigt werden, wenn die Tiere kein Interesse haben zu leben.[150] Wenn sich Interesse zu leben in dem Haben von Plänen, Zielen, Erwartungen und Hoffnungen dokumentiert, ist es eine Frage der Verhaltensforschung, Erwartungen und Ziele von Tieren aufzuzeigen. Dabei sind komplexere Reaktionsmuster und größere Lernfähigkeit mit der Möglichkeit zu stärkeren Interessen begrifflich verkoppelt. Einem starr "programmierten" Organismus kann man Interessen nicht sinnvoll zuschreiben. Im ersten Anlauf, die Stärke von Interessen zwischen Individuen verschiedener Spezies zu vergleichen, kann die Komplexität des Nervensystems wichtige Anhaltspunkte geben. Tiere, die Empfindungen, aber keine Erwartungen und Ziele haben, haben kein Interesse zu leben und damit auch kein Lebensrecht, wohl aber ein Recht auf Wohlbefinden, solange sie leben. In der Diskussion überwiegt diese Sichtweise.[151] Ein Lebensrecht haben Individuen mit Präferenzen zweiter Ordnung oder Selbstbewußtsein.[152] Einfache Empfindungs-

---

[149] Vgl. Regan (1984) 351, Lehman (1988) 157ff und Enderle (1988).

[150] Man kann ein Interesse zu leben als ein Interesse zweiter Ordnung beschreiben, nämlich als Interesse, Interessen zu haben.

[151] Vgl. dazu P. Singer (1979) 99, (1987) 6, Jamieson (1983) 135, Rachels (1983) 277f, Lehman (1988) und Pluhar (1988).

[152] Vgl. vorn S.78.

fähigkeit (Bewußtsein) etabliert kein Lebensrecht.[153] Das Präferenzmodell der Social-Choice-Theorie oder des modernen Utilitarismus kennt diesen Unterschied aber nicht. In ihm sind alle Ziele systematisch gleichrangig. Hierin liegt ein Theoriedefizit, das im wesentlichen daraus resultiert, daß statische Betrachtungen angestellt werden. Eine dynamische Betrachtung müßte beachten, daß und wie sich Präferenzen von Individuen ändern und ob und in welchem Maße die Individuen in der Lage sind, solche Änderungen der eigenen Präferenzen zu antizipieren und Handlungen daran zu orientieren. Bei dieser dynamischen Betrachtung treten Unterschiede zwischen Menschen und Tieren hervor. Bei Tieren sind die Präferenzen stabiler, da sie sich vor allem auf Grundbedürfnisse beziehen. Die Grundbedürfnisse sind auch beim Menschen eher zeitinvariant. Dagegen sind kulturelle Bedürfnisse, wie Bildung, persönliche Ausstattung, Tätigkeiten usf., stärkeren Änderungen unterworfen, bzw. sind veränderbar, so daß Menschen ihr Leben in stärkerem Maße individuell gestalten als Tiere.

Es ist jedoch ein kontingentes Faktum, daß es keine Art gibt, die bezüglich ihres Selbstbewußtseins zwischen Menschen und anderen Primaten steht. Zur Verdeutlichung der Auffassung von Lebensrechten, die hier vertreten wird, nehmen wir einmal an, es gebe Individuen einer Art, die zwischen Menschen und Affen steht. Diese Individuen, nennen wir sie Maffen, haben bestimmte Fähigkeiten. Sie können Gegenständen Namen zuordnen, einfache Rechnungen und logische Operationen ausführen und besitzen praktische Vernunft, d.h. sie können in einfachen Situationen einen gewünschten Zustand herbeiführen. Die Frage, die sich stellt, ist, welche Rechte den Maffen in einem konsistenten System (universalisierbarer) Rechte zugeschrieben werden können. Wenn ihre Fähigkeiten nicht ausreichen, Begriffe, wie "Parlament" oder "Interessenvertretung" zu bilden, kommen ihnen sicher keine politischen Rechte zu. Andere Rechte wie das Recht auf Freizügigkeit und freie Berufswahl stehen ihnen zu, wenn sie zu autonomer Lebensführung fähig sind, einfache Tätigkeiten ausüben und ihrerseits Normen respektieren. Sie besitzen außerdem Lebensrechte, da sie ihr Leben, wenn auch in bescheidenerem Maße, gestalten können. In kritischen Fällen, etwa einer lifeboat-Situation, in der Lebensrechte gegeneinander zu wägen sind, ist dem Lebensrecht (normal ausgestatteter) Menschen größeres Gewicht zu geben.

Da die Übergänge zwischen einfachem Bewußtsein und Selbstbewußtsein fließend zu sein scheinen, ist selbst bei einem sakrosankt erscheinenden Recht,

[153] Den gegenteiligen Standpunkt vertritt Regan (1984).

wie dem Lebensrecht, Abwägung möglich. Wenn Lebensinteressen von Tieren im Konflikt mit unseren Interessen stehen, sind Interessenabwägungen notwendig. In diesem Zusammenhang kann ich nur auf die Ethik-Debatte zum Tötungsverbot, Abtreibung, Infantizid und Euthanasie hinweisen, ohne eine Antwort zu geben, wie solche Interessenabwägungen im einzelnen aussehen.[154]

Es gibt eine grundsätzliche Schwierigkeit bei der Begründung des Tötungsverbots. Die Begründung scheint unser Sprach- und Denkvermögen zu übersteigen. Wenn ein Individuum mit Interessen getötet wird, wessen Interessen werden dann verletzt? Das getötete Individuum selbst kann den Verlust seiner Lebenspläne usw. gar nicht *erleiden*, wenn es zu existieren aufgehört hat.[155] Wenn jemand verletzt wird, so ist klar, wessen Interessen dabei verletzt werden. Wird jemand getötet, so bedeutet das nicht eigentlich eine Verletzung, sondern einen Verlust von Interessen. Wer alle Interessen verloren hat, empfindet auch den Verlust nicht. Kann man dann sagen, ihre Rechte oder Interessen seien verletzt? Hier kommen die Begründungen an ein Ende. Übrig bleibt nur, daß ein Lebensrecht, ein Interesse zu leben, respektiert werden sollte, da es eine Grundbedingung der Gesellschaft darstellt und von allen eine Gesellschaft vorgezogen wird, in der Lebensrechte garantiert sind.

Aus der Perspektive des Utilitarismus kann Töten dann legitimiert werden, wenn der Nutzenentgang durch andere Maßnahmen kompensiert wird. So hält P. Singer das schmerzlose Töten von Tieren, die kein Selbstbewußtsein und deswegen keine Präferenz für ein Weiterleben haben, für unsere Ernährung für moralisch akzeptabel, wenn sie gleichzeitig durch neue Tiere, die ein wertvolles Leben (positiver Nutzen) führen, ersetzt werden.[156] Diese Sicht entspricht einem Nutzensummenutilitarismus (NSU). Der NSU ist jedoch, im Fall daß die Zahl der Individuen variabel ist oder Individuen als austauschbar angesehen werden, einer ernsten Kritik ausgesetzt. Die Individuen werden als bloße Nutzenbehälter angesehen.[157] Dies läuft auf die Erzeugung von Nutzen

---

154 Vgl. dazu Broome (1978b), Harris (1975), P. Singer (1979) 106ff, Tooley (1983), Weir (ed., 1986) 113-316 und Trapp (1988) 564ff.

155 Dies spielt auch in der philosophischen Diskussion über die Legitimität von Selbstmord, Euthanasie und Abtreibung eine Rolle. Vgl. dazu Weir (ed., 1986).

156 P. Singer (1979) 104. Da Singer aber die Praxis von Tierhaltung und Schlachtung für nicht rechtfertigbar hält, kommt er zu dem Schluß, Fleischkonsum sei abzulehnen.

157 Regan (1984) 248f formuliert diesen Vorwurf. Die Entgegnung von P. Singer (1979) 102 lautet, daß Individuen ohne Selbstbewußtsein tatsächlich austauschbar sind und "can properly be regarded as receptacles for experiences of pleasure and pain (...)." Vgl. auch P. Singer (1987) 7ff und Jamieson (1983) 141ff.

um der Nutzen willen hinaus und beinhaltet darüberhinaus ein Fortpflanzungsgebot und die Pflicht, Tiere zu "erzeugen", solange sie einen positiven Beitrag zum Gesamtnutzen liefern.[158] Um dieser Konsequenz zu entgehen, könnte man versuchen, den Durchschnittsnutzen (DN) zum Kriterium zu nehmen. Aber auch ein Durchschnittsnutzenutilitarismus führt bei einer variablen Zahl von Individuen mit unterschiedlichen Nutzenniveaus zu absurden Konsequenzen. Der DN wird erhöht, wenn die Individuen mit geringerem als dem DN getötet werden. Ein Töten dieses Teils der Individuen wäre danach geboten. Der DN erhöht sich, und weitere Individuen wären zu töten. Eine Existenzberechtigung bleibt dann allein für das Individuum mit dem höchsten Nutzen.[159] Akzeptiert man den NSU, so könnte man das folgende Argument vorbringen: Unser Fleischkonsum bewirkt, daß Tiere gehalten werden, die nicht gehalten würden, wenn wir alle Vegetarier wären. Weist ihr Leben eine positive Nutzenbilanz auf, dann sind wir moralisch zum Fleischkonsum aufgefordert. Dieses Argument ist aber nur stichhaltig, wenn der Fleischkonsum tatsächlich die Existenz von mehr und/oder glücklicheren Tieren bewirkt, und nicht nur etwa einen Ersatz von Wildtieren, deren Lebensraum durch Futtermittelproduktion beschnitten wird, durch landwirtschaftliche Nutztiere.

c) Züchtung

Die ethischen Probleme, die in Zusammenhang mit der Züchtung von Tieren auftreten, lassen sich in drei Gruppen einteilen. Erstens sind es Maßnahmen, die einzelne Tiere betreffen. Zweitens haben gentechnische Veränderungen das Stadium der Praxisreife erreicht, was nicht unerhebliche Probleme aufwirft.[160] Ein dritter Problemkreis ist die Veränderung von und die Entstehung neuer Arten.

Einzelne Tiere sind durch verschiedene Züchtungsmaßnahmen betroffen. Im Einzelfall scheint es schwer zu beurteilen, wie diese Eingriffe in die Lebensweise der Tiere zu beurteilen sind. Die üblichen Züchtungsmethoden, wie gezielte Paarung und künstliche Besamung haben nur geringe Auswirkungen

---

158 Dies war auch Rawls' Vorwurf an den Utilitarismus; vgl. vorn S.58. Patzig (1983) 341 ist zuzustimmen, wenn er feststellt, daß es keinen moralischen Grund gegen einen gemeinsamen Beschluß der Menschheit gibt, auf Fortpflanzung zu verzichten und auszusterben. Argumente für diese Auffassung gibt Narveson (1967).

159 Vgl. dazu Henson (1971) 325f, Parfit (1984) 420f, Birnbacher (1989) 27f und zur Frage der optimalen Bevölkerung Kap. 6.2 a) S.131.

160 Vgl. dazu Birnbacher (1987) und Sass (1987).

auf das Wohlbefinden der Tiere. Die hormonelle Brunstsynchronisation kann dagegen eine stärkere Belastung für den Organismus der Tiere darstellen. Hier gelten dieselben Grundsätze des Abwägens, wie sie bezüglich der Haltungsbedingungen der Tiere schon diskutiert wurden. Ein besonderes Problem tritt dort auf, wo die Züchtung durch einseitige Ausrichtung auf wenige Merkmale dazu geführt hat, daß Tiere nicht mehr an ihre Lebensbedingungen angepaßt sind. Das bekannteste Beispiel sind die Schweine, die bezogen auf ihr Körpergewicht ein zu kleines Herz haben und in besonderem Maße stressanfällig sind. Ferner ist bei Schweinen, aber auch bei manchen Hunden bekannt, daß ihr Skelett züchtungsbedingt den Lebensbedingungen schlecht angepaßt ist. Diese Züchtungs"fehler" verursachen bei den betroffenen Tieren Schmerzen, so daß, insofern wir die Verantwortung dafür tragen, zu überlegen ist, ob es moralisch gebilligt werden kann, diese Tiere zu erzeugen. Unsere moralischen Intuitionen decken sich hier m.E. weitgehend mit den utilitaristischen Vorstellungen: Wenn eine bestimmte Schwelle des Leidens überschritten wird, ist es besser zu sterben, getötet zu werden oder niemals gelebt zu haben. Diese Vorstellungen stehen hinter der moralischen Praxis, verletzten Pferden den Gnadenschuß zu geben, aber auch Abtreibungen zuzulassen, wenn für das Kind ein leidvolles Leben zu erwarten ist. Es ist ein Hauptarbeitsgebiet der Ethik, solche Abwägungen vorzunehmen und zu rechtfertigen, denn Intuitionen sind hier möglicherweise schlechte und widersprüchliche Ratgeber.

Die ethischen Probleme technischer Veränderungen am Genom sind von zweierlei Art. Einmal ist es die Unübersehbarkeit der Folgen, die es haben kann, wenn veränderte, neue Organismen in ein Ökosystem gelangen. Da unser Wissen von den komplexen Mechanismen, die uns eine einigermaßen stabile Umwelt sichern, begrenzt ist, sind gentechnische Versuche und Praxisanwendungen von Unsicherheit gekennzeichnet. Da weder Wahrscheinlichkeiten noch "Auszahlungen" bekannt sind, können Risiken nicht abgeschätzt werden.[161] Der zweite Aspekt, der hier noch zu nennen ist, ist philosophisch interessanter. Es handelt sich um die Möglichkeit, optimal angepaßte Tiere zu entwickeln. Beispielsweise könnte an der Entwicklung von Hühnern gearbeitet werden, denen die Triebe, sich zu bewegen und im Sand zu scharren, überhaupt alle Triebe, die bei der Käfighaltung stören, fehlen. Von solchen "Hühnern" kann dann gar nicht gesagt werden, sie seien in ihrem Wohlbefinden

---

[161] "Unsicherheit" wird hier in Abgrenzung zum Begriff "Risiko" verwendet. Das Problem ist vergleichbar dem der Legitimität der Kernenergienutzung.

beeinträchtigt. Hier hilft auch die moralische Intuition nicht weiter, da dieses Problem unsere Alltagserfahrungen überschreitet.[162] Aus der Sicht einer auf Interessen basierenden Ethik gibt es gegen die Züchtung triebloser Eiermaschinen kein Argument. Welche Haltungsbedingungen als artgerecht gelten können, ändert sich mit einer Veränderung der Art. Bei den meisten landwirtschaftlichen Nutztieren heißt daher "artgerecht" auch nicht unbedingt "frei lebend". Die meisten unserer Haus- und Nutztiere sind bereits genetisch an ein Leben in "Gefangenschaft" angepasst. Eine Ausnahme bilden sicherlich Pelztiere, die seit etwa einhundert Jahren als Nutztiere gehalten werden. Eine Käfighaltung dieser Tiere kann nur als "Tierquälerei" bezeichnet werden.

5.5 Artenschutz

Die Begründung von Artenschutznormen muß sich von der Begründung von Tierschutznormen grundsätzlich unterscheiden. Arten sind keine Individuen und haben keine Interessen, die zu berücksichtigen sind. Interessen, die einen Artenschutz begründen könnten, sind Interessen von Individuen an Arten. Insofern ist Artenschutz ethisch nicht bedeutsamer als der Schutz irgendwelcher Interessen von Individuen. Es gibt dennoch Aspekte, die es rechtfertigen, besondere Aufmerksamkeit auf den Artenschutz zu richten - die Tragweite und die Irreversibilität des Verlusts von Arten.

Das Vorkommen von bestimmten, in bestimmter Weise an ihre Umwelt angepaßten Tieren und Pflanzen in einem Ökosystem ist Bedingung für die Stabilität natürlicher Kreisläufe. Ökosysteme sind komplexe dynamische Systeme, die mit einfachen Modellen nicht beschrieben werden können.[163]

Der Verlust einer Art bedeutet nicht, daß ein Ökosystem kein Gleichgewicht mehr erreichen wird, sondern nur, daß der alte Zustand nicht wieder herbeigeführt werden kann. Über die "Lage" eines neuen Gleichgewichts und den Weg, auf dem ein neues Gleichgewicht erreicht wird, herrscht Unsicherheit. Das Gleichgewicht eines Systems ist zwar kein Wert an sich, aber die Störung des Gleichgewichts eines komplexen Systems ist mit Unsicherheit verbunden. Und

---

162 Die Faszination von Aldous Huxleys "Brave New World" liegt gerade darin, daß uns die Argumente gegen eine solche Welt ausgehen und wir trotzdem nicht in ihr leben wollten. Es scheint keine moralischen Verpflichtungsgründe zu geben, eine solche Welt zu verhindern. Es bleibt nur die Frage, wie wir leben *wollen*.

163 Schon ein Räuber-Beute-Modell ist nur durch eine Differentialgleichung zu beschreiben. Vgl. Kemeny/Snell (1962) 24ff.

Unsicherheit reduziert ex ante die Vorteilhaftigkeit einer Handlung. Es gilt natürlich für jede Handlung, daß sie in einem bestimmten Sinn irreversibel ist[164] und daß sie in einer Welt unsicherer Erwartungen vollzogen wird. Aber gleichzeitig haben wir Erwartungen über die Tragweite einer Handlung, d.h. in welchem Maße die Interessen anderer berührt sein werden bzw. was es kostet, einen vergleichbaren und gleichwertigen Zustand herzustellen. Der Verlust einer Art kann deswegen schwerwiegender sein als (momentane) Leiden einzelner Individuen, weil es unmöglich ist, einen vergleichbaren Zustand herzustellen - es besteht keine Substituierbarkeit. Die möglichen Kosten einer Verschlechterung der Lebensbedingungen von Menschen und Tieren müssen dabei in der Hauptsache von zukünftigen Generationen getragen werden. Es sind im Grundsatz die gleichen Gründe, die uns zur Erhaltung der Arten und zur Erhaltung der Umwelt verpflichten: Die mögliche Verletzung der Interessen anderer.

Hampicke nennt im einzelnen die Ernährungssicherung, die Erhaltung genetischer Vielfalt, die Sicherung der Möglichkeiten zur Erzeugung pharmazeutischer Produkte, den wissenschaftlichen Nutzen von Arten (z.B. als Bioindikatoren), die Stabilisierung von Ökosystemen und die positiven Wirkungen der Artenvielfalt auf emotionale Befindlichkeiten als Verpflichtungsgründe für Artenschutzmaßnahmen.[165]

Festzuhalten bleibt, daß die Argumentation zur Begründung von Artenschutznormen indirekt ist. Arten haben keine Interessen. Nur Interessen an Arten können (und müssen) berücksichtigt werden.[166] Diese Art der Begründung kann auch für den Schutz von Individuen ohne Interessen (Pflanzen), den Schutz der unbelebten Natur und anderer toter Gegenstände herangezogen werden. Wegen der langfristigen Auswirkungen erhält der Artenschutz eine besondere Relevanz. Nicht nur wir, sondern alle nachfolgenden Generationen sind von irreversiblen Artenverlusten betroffen.[167]

---

164 Man denke an den zweiten Hauptsatz der Thermodynamik. Zur Bewertung irreversibler Veränderungen vgl. Birnbacher (1988) 70ff.

165 Hampicke (1985) 16ff.

166 Vgl. Feinberg (1974) 158f.

167 Zu betonen ist, daß Handlungsmöglichkeiten Verantwortung nach sich ziehen. Der Hinweis von Patzig (1983) 340, daß 99% der Arten, die in der Erdgeschichte aufgetreten sind ausgestorben sind, befreit uns nicht von einer Verpflichtung zum Artenschutz, sofern es in unserem Vermögen steht bedrohte Arten zu erhalten. Darüber hinaus kann darauf hingewiesen werden, daß viele Arten *wegen* menschlicher Eingriffe bedroht sind.

6. Zeitpräferenzen und intergenerationelle Gerechtigkeit

Einige Ausführungen über das Problem der Verpflichtung gegenüber zukünftigen Generationen bieten sich im Rahmen dieser Arbeit unmittelbar an. Zum einen sind verschiedene Theorien der Normenbegründung in Grundzügen und Anwendungsfällen diskutiert worden, so daß das Anwendungsgebiet leicht ausgedehnt werden kann. Zum anderen ist die besondere Problematik der Begründung von Tierschutznormen ganz analog zur Begründung von "Zukunftsnormen" zu sehen. Es sind dieselben Gründe, die es nahelegen, Tiere und zukünftige, nach uns lebende Generationen in den Normen zu berücksichtigen und so das Feld der Moral zu erweitern: Es geht um den Schutz von Individuen, die Interessen haben, die aber nicht über die Möglichkeiten verfügen, sich in die Gesellschaft einzubringen, d.h. an einem wie auch immer gearteten, kollektiven Entscheidungsprozeß teilzunehmen. Entsprechend selten werden ihre Interessen formuliert, vorgebracht und berücksichtigt, wo immer Normen in Kraft gesetzt werden.[1]

6.1 Zeitpräferenzen

Für jede teleologische Ethik spielt die Bewertung zukünftiger Zustände eine besondere Rolle. Methoden, mit denen solche Bewertungen vorgenommen werden können, sind die klassisch-ökonomischen Methoden der Investitionsrechnung. Ist eine monetäre Bewertung möglich, so lassen sich Zustände zu verschiedenen Zeitpunkten vergleichen, indem der Wert späterer Zustände mit dem durchschnittlich erwarteten Zinssatz diskontiert wird. Bei einem positiven Zins führt die Diskontierung zu einer Minderbewertung zukünftiger Zustände zum gegenwärtigen Zeitpunkt gemessen in Geldeinheiten. Die ökonomische Praxis der Diskontierung hat Birnbacher in seinem Buch über Zukunftsverantwortung einer Kritik unterzogen.[2] Im Mittelpunkt von Birnbachers Kritik steht

---

1 Vgl. Feinberg (1974) und Baier (1983) 73.

2 Birnbacher (1988) dort besonders Kapitel 2. Dieser Abschnitt (6.1) ist eine kritische Stellungnahme zu Birnbachers Position.

der Begriff der Zeitpräferenz, der in der ökonomischen Literatur eine nicht unwichtige, aber teilweise verwirrende Rolle gespielt hat[3] und der mit ethischen Standards unvereinbar zu sein scheint. Harrods Einschätzung der Zeitpräferenz ist charakteristisch. Er schreibt:

> "...pure time preference, a polite expression for rapacity and the conquest of reason by passion."[4]

Birnbacher greift dies als Beleg für seine Position auf:[5] Diskontierung als ökonomische Praxis scheint im Gegensatz zu unserer "Verantwortung gegenüber zukünftigen Generationen" zu stehen, und es scheint ein Fall vorzuliegen, der die These vom Gegensatz zwischen Ethik und Ökonomik stützt.

> "Während die Mehrzahl der Philosophen der Gegenwart Spinoza darin folgen, die reine Zeitpräferenz als irrational zu verwerfen, herrscht über die Wirtschaftswissenschaften unter ihnen [den Philosophen] das Urteil vor, sie betrachteten die Diskontierung zukünftigen Nutzens als schlechthin axiomatisch. Statt über die prinzipielle *Berechtigung* einer Zukunftsdiskontierung nachzudenken, machten sich ökonomische Planungs- und Wachstumstheoretiker stets nur Gedanken über die jeweils angemessene *Höhe* der Diskontrate."[6]

Aus der Sicht der von Birnbacher zitierten Philosophen liegt damit das Anwendungsmodell für das Verhältnis von Ethik und Ökonomik nahe, das, wie wir gesehen hatten, die Grundlage für die Gegensatzthese bildet: Aufgabe der Ethik ist es, der Ökonomik zu sagen, was zu tun und was zu lassen ist.

Ohne auf die allgemeine Kritik an Anwendungsmodell und Gegensatzthese zurückzukommen,[7] möchte ich auf Birnbachers Kritik der Diskontierung eingehen und versuchen, das Verhältnis von Zeitpräferenz und Diskontierung zu beleuchten.[8]

---

3 Vgl. Olson/Bailey (1981) und die dort angegebene Literatur.

4 Harrod (1948) 40.

5 Birnbacher (1988) 89.

6 Ebd. 88; Hervorhebungen im Original.

7 Die Kritik bestand darin, daß Ethik und Ökonomik nicht streng voneinander abgegrenzt werden können und die Verbindlichkeit moralischer Normen in Frage gestellt ist. Vgl. dazu Kap. 1.2 d), S.9ff und Kap. 2.1, S. 25ff.

8 Birnbachers Position bezüglich Anwendungsmodell und Gegensatzthese wird nicht deutlich. Zwar zitiert er auch die ökonomische Literatur zum Problem der Zeitpräferenz, die dem zitierten Bild der Philosophen deutlich widerspricht, er nimmt diese Ansätze jedoch nicht in seine Analyse auf und diskutiert die Bedeutung der Phänomene *technischer Fortschritt* und *Unsicherheit* für die Diskontierung nicht.

Die Berechtigung der Zukunftsdiskontierung zu hinterfragen, wie Birnbacher es fordert, ist spätestens seit Böhm-Bawerk ein Thema der normativen Ökonomik. Für seine Feststellung: "Gegenwärtige Güter sind in aller Regel mehr Wert als künftige Güter gleicher Art und Zahl"[9], gibt Böhm-Bawerk drei Gründe an:

- "die Verschiedenheit des Verhältnisses von Bedarf und Deckung in den verschiedenen Zeiträumen"[10], also die Minderschätzung des Konsums in der Zukunft aufgrund abnehmender Grenznutzen unter der Erwartung größerer Konsummöglichkeiten in der Zukunft.

- die Minderbewertung künftiger Lust- und Leidempfindungen, "bloß deshalb weil sie künftige sind"[11], d.h. reine (positive) Zeitpräferenz oder Gegenwartspräferenz.

- gegenwärtige Güter sind "aus technischen Gründen vorzüglichere Mittel für unsere Bedürfnisbefriedigung (...) als künftige"[12]; denn je früher Mittel zur Verfügung stehen, desto eher lassen sich (technische) Produktionsfortschritte realisieren.

Alle drei Gründe rechtfertigen, sofern sie zutreffen, die Diskontierung bei der Bewertung zukünftiger Zustände und verursachen, daß ein positiver Kapitalzins existiert. Ein weiterer Grund ist die Unbekanntheit der Zukunft, so daß dem Zins auch die Funktion einer Risikoprämie zukommt. Der beobachtbare Marktzins ist also eine aggregierte Größe, deren Einflußfaktoren sich schwer voneinander isolieren lassen. Diskontierung trägt dem Phänomen *Zins* Rechnung, wenn Zustände, die zeitlich auseinanderfallen, verglichen werden sollen. Wenn es in der Geschichte der Zinstheorie Verwirrungen um den Begriff der Zeitpräferenz gegeben hat, so liegt dies an einer unzureichenden Differenzierung der Gründe des Zinses und ist nicht etwa darauf zurückzuführen, daß das Instrument der Diskontierung zur Bewertung zeitlich auseinanderliegender Zustände grundsätzlich nicht adäquat sei, wie Birnbacher behauptet.[13] Da zukünftige Zustände immer unsicher sind, liegt die Vewirrung aber gewissermaßen in der "Natur der Sache".

---

[9] Böhm-Bawerk (1888) 318.

[10] Ebd. 328.

[11] Ebd. 332.

[12] Ebd. 339.

[13] Birnbacher (1988) 90 schreibt: "Zeitpräferenz, Zins und Unsicherheit sind allerdings drei so verschiedene Dinge, daß es eher nur Verwirrung stiftet, sie durch das selbe formale Instrument [die Diskontierung] zu repräsentieren."

Auf einen Irrtum, der immer wieder aufgetreten ist, ist hier besonders einzugehen: Die Gründe, die Böhm-Bawerk für die Notwendigkeit einer Diskontierung anführt, sind *mögliche* Gründe. Sie sind, wenn es keine gegenläufigen Effekte gibt, jeder für sich hinreichend für das Auftreten eines Zinses auf dem Kapitalmarkt. Dagegen ist keiner der Gründe für sich genommen notwendig. Daraus, daß ein positiver Zins herrscht, kann nicht geschlossen werden, daß die Individuen eine Gegenwartspräferenz haben, wie es weithin angenommen wurde.[14]

Doch nun zur moralischen Dimension der Diskontierung. Hier stellt sich die Frage, inwiefern gesagt werden kann, daß Diskontierung eine ungerechtfertigte Minderbewertung zukünftiger Zustände und also eine Ungerechtigkeit gegenüber zukünftigen Generationen darstellt. Dazu sind die einzelnen Gründe für eine Diskontierung zu untersuchen. Diskontiert werden in der Investionstheorie üblicherweise die monetär bewerteten Aufwendungen und Erträge. In bezug auf moralische Fragestellungen sind dagegen die Nutzenniveaus der Individuen von Interesse. Dies spielt besonders bei dem von Böhm-Bawerk zuerst genannten Grund eine Rolle. Aus dem abnehmenden Grenznutzen des Konsums ergibt sich nur dann ein Grund, eine später zu erhaltende Geldeinheit geringer zu bewerten, wenn für die Zukunft ein höheres Einkommen erwartet werden kann. Ist dies nicht der Fall, so ergibt sich aus dem abnehmenden Grenznutzen des Geldes kein Grund zur Diskontierung. Theoretisch ist ein Fall denkbar, in dem eine Person, in Erwartung geringerer Einkommen in der Zukunft, bereit ist, für eine bestimmte Summe in der Zukunft heute einen höheren Betrag aufzugeben.[15] Aber, gleich welche Einkommenserwartungen eine Person hat, in jedem Fall werden monetäre Größen, nicht die Nutzen, ab- oder aufgezinst. Für eine Nutzendiskontierung ergibt sich hieraus kein Grund, und die Diskontierung der monetären Größen ist rational gerechtfertigt.

Ähnliches gilt bezüglich der Diskontierung, die Produktivitätsfortschritten Rechnung trägt. Werden Produktivitätsfortschritte realisiert, so führt dies zu größeren Konsummöglichkeiten in der Zukunft. Nach dem Opportunitätskostenprinzip stehen einem bestimmten Konsum heute die höheren Konsummöglichkeiten in der Zukunft als Opportunitätskosten gegenüber. Auch hier wird ein rationaler Entscheider nicht die Nutzen, sondern monetäre Größen

---

[14] Vgl. Olson/Bailey (1981) 7. Bereits Harrod (1948) 38 weist darauf hin.

[15] Für dies Beispiel muß zusätzlich angenommen werden, daß die Wertaufbewahrungsfunktion des Geldes außer Kraft ist. Vgl. auch Böhm-Bawerk (1888) 329.

diskontieren und die Grenznutzen der verschiedenen Perioden möglichst zum Ausgleich bringen.

Risiko und Unsicherheit über zukünftige Zustände rechtfertigen eine "Diskontierung" der nur mit Wahrscheinlichkeit und nicht sicher anfallenden Nutzen. Wenn die Nutzenniveaus zweier Zustände verglichen werden, wobei der erste Zustand einen sicheren Nutzen aufweist und für den zweiten ein höherer Nutzen möglich, aber nicht sicher ist, so wird ein risikoneutraler, rationaler Entscheider die Erwartungswerte vergleichen. Unproblematisch ist dieser Fall, wenn die Wahrscheinlichkeiten bekannt sind, mit denen bestimmte Ergebnisse eintreten. Wenn Bewertungen zukünftiger Zustände gegeben werden sollen, sind aber oft keine objektiven Wahrscheinlichkeiten bekannt, d.h. die Entscheidungssituation ist durch Unsicherheit gekennzeichnet. Der Grad der Unsicherheit wächst mit der zeitlichen Distanz, in der die zu beurteilenden Zustände, also die möglichen Handlungsfolgen, liegen. Wegen der Verknüpfung von Zeitdauer und Grad der Unsicherheit wird zur Bewertung zukünftiger Zustände eine Unsicherheitsdiskontierung vorgenommen. Genau genommen bezieht sich die Diskontierung immer auf den Grad der Unsicherheit und nur indirekt auf den zeitlichen Abstand des zu bewertenden Zustands. In Risikosituationen ergibt sich der Erwartungswert aus den mit den Eintrittswahrscheinlichkeiten gewichteten, möglichen Auszahlungen. Herrscht Unsicherheit eines geringen Grades, so können für Intervalle von Eintrittswahrscheinlichkeiten und Auszahlungen meist subjektive Erwartungen angegeben werden. Für zunehmende Zeitdauern werden diese Intervalle immer größer und weniger verläßlich. Unser Wissen über die Zukunft ist unvollständig, und je ferner ein Zustand, desto weniger können wir hoffen, ihn handelnd zu beeinflussen. Dies gilt für Chancen und Gefahren. Die Unsicherheitsdiskontierung ist eine "Daumenregel", die unserem begrenzten Wissen Rechnung trägt. Unsicherheitsdiskontierung ist nicht, wie die beiden vorher genannten Fälle, nur auf monetäre Größen, sondern auch auf Nutzen anwendbar. Es ist aber kein Grund zu sehen, diese Art der Diskontierung als irrational oder unmoralisch zu bezeichnen. Eine moralische Dimension kommt herein, wenn die einzelne wegen der Unsicherheit des eigenen Todeszeitpunktes diskontiert. Damit werden die Nutzen, die im Falle des eigenen Todes bei anderen anfallen, geringer bewertet als der eigene Nutzen. In diesem Fall zielt die Diskontierung aber nicht eigentlich auf die zeitliche Verteilung der Nutzen, sondern ist nur eine Ausprägung egoistischen Verhaltens.[16]

---

[16] Vgl. Parfit (1984) 481f.

Zu betrachten bleibt der Fall reiner Zeitpräferenz, auf den sich Harrod im o.g. Zitat bezieht. Zukünftige Nutzen werden, so ist *reine (positive) Zeitpräferenz* zu verstehen, nur deswegen geringer bewertet, weil sie zukünftige Nutzen sind. Schon in der Formulierung sieht man, daß es kein Argument zur Rechtfertigung einer solchen Bewertung geben *kann*. Eine Nutzeneinheit ist eine Nutzeneinheit, ganz gleich wann sie anfällt.[17] Wäre dies nicht der Fall, müßte man jeden Versuch der Nutzenmessung aufgeben. Jeder Maßstab, der zu verschiedenen Zeiten als Maßstab verwendet werden soll, muß als zeitinvariant gedacht werden. Zeitpräferenzen bezüglich Nutzen zu haben, ist nicht, wie häufig angenommen wird, irrational oder egoistisch,[18] sondern einfach begrifflich unmöglich. Wird ein früherer Nutzen einem gleichgroßen späteren vorgezogen, so kann dies nur aus Gründen der Unsicherheit geschehen. Wenn dennoch der Begriff *Zeitpräferenz* verwendet wird, kann er sich nur auf nutzenstiftende Größen (wie Güterbündel bzw. durch Güterbündel gekennzeichnete Zustände) beziehen, nicht auf den Nutzen.[19] Gegenwartspräferenzen können dann durch eine zeitabhängige Nutzenfunktion,[20] in der der Nutzen eines Zustands mit seinem zeitlichen Abstand von der Gegenwart abnimmt, beschrieben werden. Daß Menschen tatsächlich solche Gegenwartspräferenzen haben, läßt sich allerdings empirisch nicht zeigen, da in jeder realen Situation, in der zukünftige Zustände bewertet werden, auch Unsicherheit herrscht. Aus den geoffenbarten Präferenzen einer Person können Gegenwartspräferenz und Sicherheitspräferenz nicht isoliert werden. Nur wenn man auf Risikoeinstellung und die subjektive Bewertung der Unsicherheit einen separaten empirischen Zugriff hätte, könnte die Zeitpräferenz als Residualgröße ermittelt werden.[21] Ungeduld, die oft als Ausdruck von positiver Zeitpräferenz gewertet wird, kann ihren Grund ja gerade in der Unsicherheit haben. Eine andere Hypothese zur Erklärung der Ungeduld hat Böhm-Bawerk vorgeschlagen. Er geht von einer systematischen Fehleinschätzung der eigenen künftigen Bedürfnisse aus. Dieser Fall ist aber kaum als *reine Zeitpräferenz* zu bezeichnen.

---

[17] All diese Betrachtungen setzen ein kardinales Nutzenkonzept voraus, was aber unproblematisch ist, da hier keine interpersonelle Vergleichbarkeit gefordert ist.

[18] Birnbacher (1988) 29ff versucht genau dies zu zeigen; vgl. auch ebd. 179ff. Der gleiche Irrtum findet sich auch bei Ramsey (1928).

[19] Vgl. die Definition von Fishburn/Rubinstein (1982) 680 in Axiom 3.

[20] Unberücksichtigt bleibt dabei das Problem der Identität der Person. Kann der Nutzen, den eine Person erst nach Jahren empfindet, wenn sich ihre Ansichten und Interessen verändert haben, aus ihrer heutigen Perspektive "ihr Nutzen" genannt werden? Vgl. dazu Parfit (1984) 194ff, Broome (1985) 224ff, Birnbacher (1988) 45ff und Ziff (1990).

[21] Vgl. auch Olson/Bailey (1982) 12, 24.

6.2 Verpflichtungen gegenüber zukünftigen Generationen

a) Die utilitaristische Perspektive

Aus utilitaristischer Perspektive gibt es kein besonderes Problem einer "Zukunftsethik". Der Universalisierungsgrundsatz kann und muß nicht nur synchron, sondern diachron verstanden werden, d.h. das Glück und Leid aller und eben auch aller zukünftigen Individuen wird im utilitaristischen Kalkül gleichermaßen berücksichtigt. Dies bedeutet insbesondere, daß die Nutzen zukünftiger Individuen nicht diskontiert werden. Daß eine einzelne Person ihren zukünftigen Nutzen allein wegen dessen zeitlicher Position diskontiert, ist, wie wir gesehen haben, begrifflich unmöglich, wenn die Aggregierbarkeit der Nutzen verschiedener Perioden vorausgesetzt wird. Wenn die Nutzenfunktion für jede Periode spezifiziert ist, gibt es für eine Diskontierung keinen Raum mehr. Auf die gesellschaftliche Ebene übertragen, bedeutet dies, daß Nutzendiskontierung und das utilitaristische Maximierungsprinzip inkompatibel sind.[22] Eine Diskontierung der monetären Bewertungen zukünftiger Zustände ist dagegen mit der Maximierungsregel kompatibel, bzw. ergibt sich aus ihr. Wenn Produktivitätsfortschritte realisiert werden und die Einkommenserwartungen für die Zukunft höher sind, ergibt sich ein positiver Zins, der bewertungsrelevant ist. Nicht vereinbar mit der Maximierungsvorschrift ist dagegen eine Diskontierung, die wegen der Unsicherheit bezüglich des eigenen Todeszeitpunktes vorgenommen wird. Hierin manifestiert sich ein Egoismus, also ein Gegensatz zum Universalisierungsprinzip, und zwar deswegen, weil die Wahl der einzelnen nicht unabhängig davon ist, ob sie selbst in den Genuß bestimmter Güter kommen werden oder andere, später lebende. Da jede einzelne Person eine begrenzte Lebenszeit hat, die Gesellschaft aber über viele Generationen fortbesteht (oder fortbestehen soll), kann sich eine Abweichung der tatsächlichen von der utilitaristisch besten Diskontrate ergeben.[23] Es ist allerdings unklar, ob die beobachtete "Verschwendungssucht" "bei hochbetagten Greisen, gefährlich Erkrankten, bei Leuten, die in sehr gefährlichen Berufen oder Umständen sich befinden, Soldaten vor der Schlacht, in Pestzeiten u. dgl."[24] nicht durch die Sparsamkeit von Eltern, die für ihre Kinder sorgen, und

---

[22] Dazu auch Williams (1978) 173.

[23] Vgl. dazu z.B. Sen (1961) und Mueller (1974).

[24] Böhm-Bawerk (1888) 335.

von jenen, die ihrer Nachwelt in guter Erinnerung bleiben wollen, kompensiert oder überkompensiert wird.[25] Eine Beurteilung, welche Effekte in der Summe überwiegen, kann hier nicht gegeben werden. Dazu müßten die besseren Ausstattungen und entwickelteren Technologien, die wir den folgenden Generationen überlassen, aufgerechnet werden gegen die Umweltschäden und Kriegsgefahren, die wir ihnen aufbürden. Ähnliche Aufrechnungen müßten außerdem bezüglich des *human capital* gemacht werden. Hier stehen dem besseren Wissen der zukünftiger Generationen die Gefahren erodierender Sozialsysteme gegenüber.

Die Anwendung des utilitaristischen Programms auf die Frage nach der richtigen intergenerationellen Allokation und Verteilung macht drei Probleme des Utilitarismus noch einmal deutlich. Das erste könnte *Motivationsproblem* genannt werden. Der einzelnen kann nicht klar gemacht werden, warum sie einen universalistischen und nicht etwa einen egoistischen oder beschränkt altruistischen Standpunkt einnehmen soll. Der Utilitarismus kann nur Präferenzen bezüglich der Güterbündel zulassen, nicht bezüglich der Verteilung der Güterbündel. Insbesondere sind sogenannte "Egopräferenzen"[26] ausgeschlossen.[27]

Das zweite Problem betrifft die Vernachlässigung von Gerechtigkeitsaspekten. Schon 1928 wurde von Frank Ramsey gezeigt, daß, eine zeitinvariante kardinale Nutzenfunktion und Aggregierbarkeit vorausgesetzt, das Nutzenmaximierungsprinzip zu extremen Ungleichverteilungen zwischen den Generationen führt. Den früher Lebenden werden extreme Sparleistungen zugunsten der sich auf hohem Wohlstandsniveau befindenden, später Lebenden abverlangt.[28]

Drittens kann für diese Frage nicht von einer konstanten Bevölkerung ausgegangen werden (wie für das vorherige unterstellt), so daß die Maximierungsvorschrift eine Verpflichtung beinhaltet, die Bevölkerungszahl solange zu steigern, wie ein zusätzliches Individuum den Gesamtnutzen erhöht. Es geht dann nicht mehr darum, daß den Lebenden ein möglichst gutes Leben, ein hoher Nutzen, ermöglicht wird, sondern nur noch darum, die Zahl der Leben-

---

[25] Vgl. auch Olson/Bailey (1982) 10f. Die Schwierigkeit des empirischen Zugriffs auf Unsicherheits- und Zeitpräferenzen war schon erwähnt worden.

[26] Birnbacher (1988) 29.

[27] Eine Lösung des Problems im utilitaristischen Rahmen ist Harsanyis Konzept der ethischen Präferenzen; vgl. Harsanyi (1955).

[28] Ramsey (1928); vgl. auch Rawls (1971) 321.

den einem maximalen Nutzen anzupassen. Bei gegebenen Ressourcen führt die utilitaristische Maximierung in ein ernstes Paradox. Zu einer beliebigen Bevölkerung B_1 auf dem Wohlstandsniveau W_0 kann man sich eine alternative Situation mit einer Bevölkerung B_2 denken, die nur die Hälfte des Wohlstandsniveaus W_0 erreicht, und hätte diese höher zu bewerten, wenn nur die Bevölkerung B_2 hinreichend groß (d.h. mindestens doppelt so groß wie B_1) ist. Diese Konsequenz nennt Parfit "Repugnant Conclusion".[29]

b) Die rawlsianische Perspektive

Wenn man die Ungleichverteilungen, die sich aus dem utilitaristischen Maximierungsprinzip ergeben, vermeiden will, kann man versuchen, ein Gerechtigkeitsprinzip zu etablieren. Rawls hat das Unterschiedsprinzip als Kriterium der Gerechtigkeit vorgeschlagen, er hält es aber für die Frage nach der Gerechtigkeit zwischen den Generationen für nicht anwendbar.[30] Im Rawls'schen Urzustand sind alle Individuen Zeitgenossen und wissen, daß sie Zeitgenossen sind, und sie sind grundsätzlich gegenüber anderen desinteressiert.[31] In dieser Entscheidungssituation wird niemand einen Grund entdecken, für die nächste Generation etwas zu sparen. Während im intragenerationellen Fall die Gesellschaft als ein auf Gegenseitigkeit basierendes, kooperatives Unternehmen aufgefaßt werden kann, ist Kooperation im intergenerationellen Fall ausgeschlossen.

> "Es ist eine Naturtatsache, daß die Generationen über die Zeit verteilt sind und die wirtschaftlichen Vorteile nur in einer Richtung fließen."[32]

Daß die späteren Generationen keine Möglichkeit haben, den früheren "in ihrer weniger glücklichen Situation zu helfen"[33], sieht Rawls als Grund für die Unanwendbarkeit des Unterschiedsprinzips. Darüber hinaus scheinen aber auch die Konsequenzen des Unterschiedsprinzips unannehmbar zu sein.

---

29 Parfit (1984) 387ff. Daß auch das Durchschnittsnutzenprinzip keine Lösung bietet, wurde bereits erläutert, vgl. S.118. Vgl. zu dieser Problematik auch Narveson (1967), Sumner (1978), Parfit (1984) 487ff, Nerlove et al. (1987), Cowen (1989) und Ng (1989).

30 Rawls (1971) 322.

31 Ebd. 163 und 152.

32 Ebd. 322.

33 Ebd.

> "Denn wenn das Unterschiedsprinzip auf die Frage des Sparens über Generationen hinweg angewandt wird, so führt es dazu, daß entweder überhaupt nicht oder nicht genug gespart wird ..."[34]

Um zu einem gerechten Spargrundsatz zu kommen, führt Rawls daher eine *ad hoc* Bedingung ein, die eher einen Appell an das Mitgefühl beinhaltet als daß sie rational begründet ist.

> "Sie versuchen, zu einem gerechten Sparplan zu kommen, indem sie abwägen, wieviel sie für ihre späteren Nachkommen zu sparen bereit wären, und zu welchen Ansprüchen sie sich gegen über ihren näheren Vorfahren berechtigt fühlen würden. So stellen sie sich etwa vor, sie seien Väter, und fragen sich, wieviel sie für ihre Söhne und Enkel zur Seite legen sollten..."[35]

Die Linie der Kritik, die ich gegen Rawls vortragen will, ist vor allem methodischer Natur.[36] Die Konzeption des Urzustandes läßt es nämlich zu, daß Entscheidungen so getroffen werden können, daß das Interesse späterer Generationen systematisch ausgeblendet wird. Wenn der Urzustand Unparteilichkeit sicherstellen soll, dann darf nicht vorausgesetzt werden, daß die Individuen im Urzustand wissen, daß sie Zeitgenossen sind. Wenn sie dieses Wissen nicht haben, wählen sie, wenn sie der Maximin-Regel folgen, auch für die Frage des gerechten Spargrundsatzes das Unterschiedsprinzip. Die unerwünschten Folgen des Unterschiedsprinzips müssen dann entweder hingenommen werden, oder sie führen zu einer Kritik der Verwendung der Maximin-Regel als Entscheidungsregel für den Fall der Unsicherheit. Die Maximin-Regel läßt keine trade-offs zwischen Gleichheit und Effizienz zu.

Eine weitere Kritik, die vorgebracht worden ist, ist, daß Rawls nur nach den Grundsätzen des gerechten Sparens fragt und die Möglichkeit des Entsparens nicht erwägt. Es ist nicht nur so, daß die wirtschaftlichen Vorteile in eine Richtung fließen, sondern es werden auch Lasten an die zukünftigen Generationen weitergegeben.[37] Berücksichtigt man diese Möglichkeit, so führt das Unterschiedsprinzip, wie Solow gezeigt hat, zu dem Grundsatz, daß Ressourcen

---

34 Ebd. 321f. Solow (1974) 33 bemerkt dazu: "No doubt his perception of the difficulties led Rawls to abandon it in his discussion of saving."

35 Rawls (1971) 324. Ähnlich auch ebd. 151.

36 Vgl. auch die Bemerkungen in Kap. 5.2 b), S.81ff. Ähnliche Kritik findet sich bei Mueller (1974) 267, Solow (1974), Birnbacher (1977), Manning (1981) 161ff und Buchholz (1984) 30ff.

37 Die Literatur, die diesen Gesichtspunkt hervorhebt, stammt zu einem guten Teil aus der Zeit nach dem Ölpreisschock, der das Bewußtsein für das Problem erschöpfbarer Ressourcen sicher gefördert hat.

nur in dem Maße abgebaut werden dürfen, wie für die Zukünftigen zusätzliches Produktivkapital geschaffen wird.[38] Weder kann einer Generation zugemutet werden, Nettoersparnisse zu leisten, noch ist es ihr gestattet, Ressourcen (einschließlich der natürlichen Umwelt) in einem Maße zu verbrauchen, daß spätere Generationen das Ausgangsnutzenniveau nicht mehr erreichen können. Ein solches Prinzip mag für hohe Nutzenniveaus plausibel sein, ist dies nicht gegeben, so bleibt die Gesellschaft ständig auf einem niedrigen Niveau. Während der Utilitarismus einer frühen Generation hohe Sparleistungen zum Nutzen der späteren auferlegt, ergibt sich aus dem Unterschiedsprinzip, daß keine Generation etwas spart, selbst wenn durch ein kleines Opfer die Lebensbedingungen der späteren sehr verbessert werden könnten.

c) Die vertragstheoretische Perspektive

Auf der Basis rationaler Kooperation ergeben sich keine Verpflichtungen gegenüber zukünftigen Generationen. Das Anliegen einer Vertragstheorie ist es, die Beschränkungen, die den einzelnen gesetzt werden, als notwendig und hinreichend für eine Kooperation zum gegenseitigen Vorteil auszuweisen. Kooperation zum *gegenseitigen* Vorteil kann es aber nur zwischen Angehörigen der gleichen Generation geben. Weder die Vorfahren können für ein defektierendes Verhalten "bestraft" werden, noch könnten die Nachkommen uns für kooperatives Verhalten "belohnen".[39] Gegen Ressourcenabbau und Umweltschäden, die uns nicht treffen, kann aus dieser Sicht nichts eingewendet werden. In einem Hobbes'schen Naturzustand, in dem über einen Spargrundsatz verhandelt wird, gibt es für die erste Generation keinen Grund, einer Regelung zuzustimmen, die sie zum Sparen und zur Schonung der Ressourcen zwingt. Will man diese Konsequenz vermeiden, so müssen die Bedingungen des Naturzustands modifiziert werden. Wenn die Macht ungleichmäßig verteilt ist, wie im vorliegenden Fall, so kommt keine Verhandlung zustande, die unseren Vorbegriffen von Fairness entspricht.

---

38 Solow (1974). Er nennt diesen Ansatz "plus Rawlsien que le Rawls"; ebd. 30 (im Original kursiv).

39 In dieser Schärfe gilt die Unmöglichkeit der Kooperation nicht, denn eine Generation wird nicht zu einer Zeit durch die nächste ersetzt. Barry (1977) 268: "'Generations' are an abstraction from a continuous process of population replacement." Jedoch sind die Kooperationsmöglichkeiten beschränkt und insbesondere bezüglich der langfristigen Wirkungen ist eine Kooperation ausgeschlossen.

Eine Möglichkeit, den Naturzustand zu modifizieren, ist die Annahme altruistischen Verhaltens. Dieses Vorgehen wird, wie bereits beschrieben, von Rawls gewählt. Die Alternative dazu ist der Rückgriff auf naturrechtliche Grundsätze, etwa Lockes Bedingung für die Legitimität eines Besitzrechts. Die Aneignung eines Gegenstandes ist danach daran geknüpft, daß noch genug für andere da ist.[40] Eine konsequente Anwendung dieser Bedingung würde bedeuten, daß den einzelnen nicht etwa absolute Verfügungsrechte zugewiesen werden, sondern nur eingeschränkte Nutzungsrechte, die garantieren, daß zukünftige Generationen zumindest nicht schlechter gestellt sind.[41] Lockes Bedingung kann allerdings nur in einer Welt mäßiger Knappheit Anwendung finden, in der durch Produktion von erneuerbarem Kapital und *know how* die Ressourcenverknappung (bspw. die der Rohstoffe) ausgeglichen werden kann. Ob diese Voraussetzung erfüllt ist, hängt wesentlich davon ab, wie groß die Bevölkerung ist, die von den Ressourcen lebt, bzw. leben muß. Daher muß auch die Bevölkerungspolitik in den Blick genommen werden.

> "Since it is individuals, and not generations *per se*, that are regarded as equal, I understand the relevant measure of usable resources to be relativized to population. This means that if a given generation insists on having more than one descendant per capita, it is to aim at leaving proportionally more total resources."[42]

Die Locke'sche Bedingung verpflichtet uns, den zukünftigen Individuen eine Ausstattung zu hinterlassen, die ebenso groß ist wie die, auf die wir zurückgreifen konnten. Eine Verpflichtung zu einer positiven Nettoersparnis ergibt sich aus ihr nicht. Allerdings kann ein begrenzter Altruismus, den man bspw. zwischen Eltern und Kindern unterstellen darf, dazu führen, daß die Angehörigen zukünftiger Generationen besser gestellt sind.[43]

---

[40] Locke (1690) 306, sect. 27. Für die Anwendung der Locke'schen Bedingung auf den intergenerationellen Fall vgl. Kavka (1978) 200f und Gauthier (1986) 205, 303.

[41] Zwischen Privateigentum mit absoluter Verfügungsgewalt eines einzelnen und Gemeinschaftseigentum, über das nur unter Zustimmung aller verfügt werden kann, gibt es zahlreiche Zwischenformen; vgl. Tietzel (1986) 106ff. (Dies ist auch ein Einwand gegen Nozicks Argument gegen Lockes "proviso"; vgl. Nozick (1974) 176f.)

[42] Kavka (1978) 200; Hervorhebung im Original.

[43] Gauthier (1986) 302f leitet eine positve Sparrate aus einem bargaining-Prozeß zwischen den Generationen ab. Es bleibt aber unklar, welcher Anreiz zur Kooperation für die erste Generation besteht.

IV. Resümee und Referenzen

But the case for bringing economics closer to ethics does not rest on this being an easy thing to do. The case lies, instead, on the rewards of the exercise.

Amartya Sen

7. Zusammenfassung und Schlußfolgerung

7.1 Zusammenfassung

Das Ziel dieser Untersuchung ist, den Beitrag der Ökonomik zur Begründung von Tier- und Artenschutznormen festzustellen. Ein solches Vorhaben erfordert grundsätzliche methodologische und ethische Betrachtungen. Ausgangspunkt war die immer wieder vorgetragene These des Gegensatzes zwischen Ethik und Ökonomik, nach der sich aus begründeten moralischen Normen andere Präskriptionen ergeben als aus normativ ökonomischen Überlegungen. Diese These (die im Bereich des Umwelt- und Naturschutzes auch im Gewand des "Gegensatzes zwischen Ökonomie und Ökologie" auftritt) zieht ihre vermeintliche Plausibilität aus einem zu engen Begriff von Ökonomik und einem emphatisch überhöhten Begriff von Ethik. Wenn man anerkennt, daß *erstens* die Aufgabe der normativen Ökonomik in der Bestimmung optimaler Handlungen und der Bestimmung eines optimalen institutionellen Rahmens für unsere Handlungen besteht, und daß *zweitens* auch die Begründung moralischer Normen nur an den Zielen von Individuen und nicht an göttlichen Maßstäben, orientiert sein kann, so erweist sich der Gegensatz zwischen Ethik und Ökonomik als ein nur scheinbarer Gegensatz. Anders gesagt, der Gegensatz ergibt sich, wenn das ökonomisch Richtige mit kurzfristigen, egoistischen Interessen und/oder das moralisch Richtige mit metaphysisch begründeter, absoluter Verpflichtung identifiziert wird, was aber beides unzulässig ist.

Ein ökonomischer Beitrag zur Normenbegründung ist also möglich, da der Gegensatz paradigmatisch nicht besteht. Der nächste Schritt ist zu zeigen, daß normative Wissenschaft überhaupt möglich ist. Dies ist deswegen nicht selbstverständlich, weil mit dem Hinweis auf die Wertfreiheit der Wissenschaft meist gerade die Möglichkeit der (mit Werturteilen verbundenen) normativen Wissenschaft in Frage gestellt wird. Aus diesem Problem eröffnet die genauere Betrachtung der wissenschaftlichen Begründungsverfahren einen Ausweg. Seit durch die Arbeiten von Kuhn und anderen deutlich geworden ist, daß auch empirische Theorien nicht durch bloße Beobachtung von Fakten gerechtfertigt werden können, sondern eine Reihe anderer Faktoren wie Widerspruchsfreiheit, Einfachheit, Kohärenz usw. dabei eine Rolle spielen, kann zwischen den Begründungsverfahren für empirische und normative Theorien kein strenger Unterschied mehr gemacht werden. Es sind die etablierten Standards einer Wissenschaftlergemeinschaft, die letztlich bestimmen, ob eine empirische, deskriptive Theorie eine gute Beschreibung liefert, und es sind etablierte Standards, die bestimmen, ob eine präskriptive Theorie gute Vorschriften liefert. Auftretende Divergenzen sind im letzteren Fall zwar häufiger, jedoch in beiden Fällen prinzipiell möglich. Die Standards zur Beschreibung von Fakten sind zwar besser etabliert als die Standards des richtigen Handelns in einer wohldefinierten Situation, das heißt aber nicht, daß ein Theorienvergleich zwischen konkurrierenden normativen Theorien unmöglich ist und der Anspruch der Wissenschaftlichkeit aufgegeben werden muß.

Die zum Theorienvergleich heranzuziehenden Kriterien können ganz verschiedener Natur sein. Einmal sind es methodologische Überlegungen, die etwa die Einfachheit und logische Konsistenz der Theorie verlangen oder die solchen Theorien den Vorzug geben, die von schwächeren Voraussetzungen ausgehen. Andererseits ist die Leistungsfähigkeit der Theorien ein Kriterium. Die Theorie soll nicht nur für eine kleine Menge paradigmatischer Anwendungsbeispiele befriedigende Lösungen liefern, sondern gerade auch für die Fälle, für die die Theorie nicht vorrangig entwickelt wurde. Die Normen des Tier-und Artenschutzes können daher in gewisser Weise als ein Prüfstein für die Leistungsfähigkeit und Reichweite ethischer Theorien gelten, die meist im Hinblick auf zwischenmenschliches Verhalten und menschliche Gesellschaften entwickelt worden sind. Eine spezielle Anwendung kann eine Theorie stützen, wodurch im Gegenzug auch die aus ihr abgeleiteten Normen zusätzliche Geltungskraft erhalten. Eine einzelne, isolierte Norm, die durch nichts als Intuition gestützt wird, ist wenig hilfreich. Unsere intuitiven Urteile haben dagegen dort Gewicht, wo sie nicht isoliert, sondern Bestandteil eines kohärenten Systems von Überzeugungen sind. Eine ethische Theorie, die Tier- und Artenschutznormen begründen will, muß daher eine allgemeine ethische Theorie sein, aus der die Normen für diese speziellen Bereiche abgeleitet werden. Eine solche Theorie kann nur als Ergebnis eines Überlegungsgleichgewichtes (reflective equilibrium) gewonnen werden, also in einem Prozess, in dem allgemeine Theoriebestandteile und spezielle Urteile immer wieder modifiziert werden, bis ein konsistentes, kohärentes, einheitliches und plausibles System von Normen gewonnen ist.

Normenbegründungen erfolgen stets unter Rückgriff auf die Interessen von Individuen, und zwar sind nach dem Universalisierungsprinzip die Interessen *aller* Individuen in gleicher Weise zu berücksichtigen. Moralische Normen sind Institutionen, die vor allem bei Interessengegensätzen zu einem fairen Ausgleich der Interessen führen sollen.

Damit ist einmal deutlich, daß ein grundsätzlicher Unterschied in der Begründung von Tierschutznormen einerseits und Artenschutznormen andererseits besteht. Arten als solche haben keine Interessen. Artenschutz kann nur durch das Interesse von Individuen an Arten begründet werden.

Weiterhin folgt aus diesen Überlegungen, daß alle anthropozentrischen Begründungsversuche für Tierschutznormen zurückgewiesen werden müssen; denn eine anthropozentrische Ethik zieht eine willkürliche Grenze zwischen Interessen, die Menschen haben, und Interessen, die andere Individuen haben. Der Interessenbegriff ist an den Begriff der Präferenz gebunden, also an die Fähigkeit, einfache Wahlentscheidungen zu treffen. Eine anthropozentrische Ethik wäre nur dann (und dann auch nur kontingenterweise) akzeptabel, wenn *nur* Menschen und *alle* Menschen die Fähigkeit besäßen, Wahlentscheidungen zu treffen - was aber nicht zutrifft.

Beim gegenwärtigen Stand der Forschung muß jede Ableitung einer konkreten Handlungsnorm vorläufigen Charakter haben, da bei der Anwendung einer ethischen Theorie zusätzliche Prämissen eingeführt werden müssen, deren Gültigkeit nur schwer zu erweisen ist. Beim utilitaristischen und beim Rawls'schen Programm werden z.B. für den interindividuellen Vergleich der zusätzlichen Nutzen bzw. der Nutzenniveaus Prämissen gebraucht, die stärkere (meßtheoretische) apriori Voraussetzungen beinhalten.

Kommen der Utilitarismus und Rawls' Theorie der Gerechtigkeit für menschliche Gesellschaften noch zu plausiblen Ergebnissen, wobei implizit für alle gleiche Nutzenfunktionen unterstellt werden, so sind ihre Defizite bei der

Einbeziehung von Tieren doch offensichtlich, da es problematischer ist, z.B. Schmerzen über die Grenzen einer Art hinweg zu vergleichen.

Es scheint besonders nahe zu liegen, die Begründung von Tierschutznormen aus einem utilitaristischen Ansatz zu versuchen. Schon in Benthams klassischer Formulierung des utilitaristischen Programms sind Tiere mit eingeschlossen. Neben dem Problem, das mit der Vergleichbarkeit der Nutzen verbunden ist, tritt ein weiteres Anwendungsproblem auf. Der Utilitarismus verlangt nicht nur, bestimmte Regeln einzuhalten, sondern verlangt, in jeder Situation das Beste zu tun - eine (zu) hohe Forderung an die moralisch Handelnden. Rawls und die Vertragstheoretiker sind in dieser Beziehung bescheidener. Rawls schließt in seiner Gerechtigkeitstheorie die Berücksichtigung von Tieren zwar explizit aus, es ist aber möglich, und sogar ein Schritt zu größerer theoretischer Geschlossenheit, Tiere in den Rawls'schen Ansatz miteinzubeziehen. Die Schwäche der Rawls'schen Theorie besteht, nach der hier vertretenen Auffassung, vor allem darin, daß die Grundregeln der Gesellschaft nicht konsequent vom Individuum ausgehend entwickelt werden. Der methodisch stärkere Versuch, Tierschutznormen zu begründen, ist daher ein vertragstheoretischer Ansatz. Aus ihm kann ein Begriff der Verpflichtung auf der Basis individueller Interessen entwickelt werden. Die Legitimität von Normen stammt aus einer hypothetischen Vereinbarung zum gegenseitigen Vorteil. Eine vertragstheoretische Begründung von Normen scheint, auf den ersten Blick, Tiere auszuschließen, da Tiere keine Verträge schließen können. Wenn man die vertragstheoretisch begründeten Rechte jedoch als *universale* Rechte begreift, sind Tiere eingeschlossen. Rechte werden von denen vereinbart, die in der Lage sind, bindende Verträge zu schließen, Normen zu verstehen und Verpflichtungsgründe einzusehen. Dabei werden Rechte mit Bezug auf Interessen vereinbart und schützen alle, die Interessen haben. Diese Auffassung von moralischen Rechten beinhaltet eine Asymmetrie zwischen Rechtsträgern und Normadressaten, die dem herkömmlichen Rechtsbegriff widerspricht. Rechtsträger sind alle Individuen, die Interessen haben, Normadressaten aber nur solche, die Normen verstehen können und ihnen gemäß zu handeln in der Lage sind. Diese Asymmetrie ist aber theoretisch unbedenklich und sie ist unvermeidlich, wenn aus vertragstheoretischer Perspektive Normen für Tiere (und überhaupt für Gesellschaften, in denen Machtungleichgewichte bestehen) begründet werden sollen.

Noch einmal, beim gegenwärtigen Stand der Theorie können keine detaillierten Tier- und Artenschutznormen als gerechtfertigt ausgewiesen werden.

Aber es können einige Minimalstandards als gerechtfertigt gelten, wie etwa ein Recht auf körperliche Unversehrtheit all der Tiere, die Schmerzen empfinden können. Gleichzeitig ist darauf hinzuweisen, daß solche Normen niemals vollständig zu verwirklichen sind. Die Knappheit zwingt uns, ständig abzuwägen.

7.2 Schlußfolgerung: Bestimmung des Verhältnisses "Ethik-Ökonomik"

Worin besteht nun der Beitrag der Ökonomik zur Begründung von Normen des Tier- und Artenschutzes? Mit dieser Frage ist zunächst die Aufgabe gestellt, den Beitrag der Ökonomik zur Normenbegründung zu bestimmen. Darüber hinaus ist aber gerade auch die Möglichkeit eines solchen Beitrags aufzuweisen. Dies ist hier deswegen noch einmal zu betonen, weil nach herkömmlichem Verständnis einerseits die Begründung moralischer Normen der Ethik vorbehalten bleibt, und andererseits die Ökonomik als Wissenschaft zur Bestimmung der richtigen Mittel für *gegebene* Zwecke angesehen wird. Der ökonomische Beitrag könnte danach nur in der Begründung von Normen einer untergeordneten Stufe bestehen, nämlich in Klugheitsregeln, die zur Ausführung der von der Ethik bestimmten Zwecke herangezogen werden. Dieses hierarchische Modell ethisch-ökonomischer Interdisziplinarität unterstellt die Möglichkeit einer von ökonomischen Überlegungen unabhängigen Begründung moralischer Normen. Und diese Voraussetzung ist es, die sich bei der näheren Betrachtung ethischer Theorien nicht aufrecht erhalten läßt. Die leistungsfähigsten ethischen Theorien sind gerade die, die zur Normenbegründung ökonomische Überlegungen heranziehen, und sie sind es, *weil* sie ökonomische Überlegungen heranziehen und im Einzelfall sogar spezifisch ökonomisches Instrumentarium benutzen. Die Möglichkeit eines ökonomischen Beitrags zur Normenbegründung ist zwar mit der Beobachtung, daß diese ethischen Theorien ökonomische Überlegungen verwenden, hinreichend gezeigt. Es ist aber nicht nur eine "Zufälligkeit", daß gerade die leistungsfähigeren Theorien einen ökonomischen Beitrag beinhalten, sondern es ist unsere Existenz unter den Bedingungen der Knappheit, woraus sich ergibt, daß eine ethische Theorie nicht unabhängig von ökonomischen Überlegungen sein kann. Moralische Normen als Institutionen und Handlungsanweisungen müssen sich an unseren tatsächlichen Möglichkeiten orientieren. Sie reflektieren also zum einen unsere beschränkten Mittel und zum anderen die sich widersprechenden individuellen Ziele. Das ethische Begründungsproblem kann dann als Frage nach den Adäquatheitsbedingungen für einen Aggregationsmechanismus, der aus individuellen Zielen ein gesamtgesellschaftliches Ziel definiert, interpretiert und reformuliert werden. In dieser Frage sind Ethik und Ökonomik eng miteinander verbunden, da die gesuchten Adäquatheitsbedingungen sowohl ethischer als auch ökonomischer Natur sind: Es handelt sich um das Universalisierungsprinzip und eine Effizienzbedingung.

8. Referenzen

*8.1 Literatur**

Aeppli, Roland (1980) Ökonomie als multiparadigmatische Wissenschaft. Kyklos 33, 682-708.

Albers, Willi et al. (Hg., 1988) Handwörterbuch der Wirtschaftswissenschaft. Stuttgart/Tübingen/Göttingen: UTB.

Albert, Hans (1956) Das Werturteilsproblem im Lichte der logischen Analyse. Zeitschrift für die gesamte Staatswissenschaft 112, 410-439.

----- (1963) Wertfreiheit als methodisches Prinzip. Zur Frage der Notwendigkeit einer normativen Sozialwissenschaft. Schriften des Vereins für Socialpolitik N.F. 29, 32-63.

----- (1968) Traktat über kritische Vernunft. Tübingen: J.C.B. Mohr (Paul Siebeck).

Alchian, Armen A. (1950) Uncertainty, Evolution and Economic Theory. Journal of Political Economy 58, 211-221.

Alexy, Robert (1986) Theorie der Grundrechte. Frankfurt: Suhrkamp.

Anscombe, G. Elisabeth M. (1969) Modern Moral Philosophy. in: *Hudson*, W.D. (ed., 1969) The Is-Ought Question. London: Macmillan. 175-195.

Apel, Karl-Otto (1973) Transformation der Philosophie. Bd. II: Das Apriori der Kommunikationsgemeinschaft. Frankfurt: Suhrkamp.

Archibald, G.C. (1959) Welfare Economics, Ethics, and Essentialism. Economica 26, 316-327.

Arrow, Kenneth J. (1950) A Difficulty in the Concept of Social Welfare. Journal of Political Economy 58, 328-346.

----- (1951) Social Choice and Individual Values. Second edition 1963. New Haven/London: Yale University Press.

----- (1973) Some Ordinalist-Utilitarian Notes on Rawls's Theory of Justice. Journal of Philosophy 70, 245-263.

d'Aspremont, Claude/*Gevers*, Louis (1977) Equity and the Informational Basis of Collective Choice. Review of Economic Studies 44, 199-209.

Baier, Annette C. (1983) Knowing Our Place in the Animal World. in: *Miller/Williams* (eds., 1983) 61-77.

Barrow, Robin (1982) Injustice, Inequality and Ethics. Brighton: Wheatsheaf Books.

---

* Die in Klammern gesetzte Zahl gibt das Jahr der Erstveröffentlichung an. Die bibliographischen Angaben beziehen sich auf die verwendete Ausgabe.

Barry, Brian M. (1973) The Liberal Theory of Justice. Oxford: Clarendon Press.

----- (1977) Justice Between Generations. in: *Hacker*, P.M.S./*Raz*, J. (eds., 1977) Law, Morality, and Society. Essays in Honour of H.L.A. Hart. Oxford: Clarendon Press. 268-284.

Baumol, William J./*Oates*, Wallace E. (1971) The Use of Standards and Prices for Protection of the Environment. Swedish Journal of Economics 73, 42-54.

Beck, Lewis White (1960) Kants "Kritik der praktischen Vernunft". dt. Übersetzung von: A Commentary on Kant's "Critique of Practical Reason". München 1974: Wilhelm Fink Verlag.

Becker, Gary S. (1976) Der ökonomische Ansatz zur Erklärung menschlichen Verhaltens. dt. Übersetzung von: The Economic Approach to Human Behavior. Tübingen 1982: J.C.B. Mohr (Paul Siebeck).

Becker, Lawrence C. (1983) The Priority of Human Interests. in: *Miller/Williams* (eds., 1983) 225-242.

Beckermann, Ansgar (1989) Bedeutungsverstehen als Kennzeichen des Mentalen. Zeitschrift für allgemeine Wissenschaftstheorie 20, 132-145.

Bentham, Jeremy (1789) An Introduction to the Principles of Morals and Legislation. New York 1948: Hafner Publishing Company, Inc..

Bergson, Abram (1938) A reformulation of certain aspects of welfare economics. The Quarterly Journal of Economics 52, 310-334.

Biesenbach, Hans (1982) Zur Logik der moralischen Argumentation. Düsseldorf: Patmos.

Biervert, Bernd/*Held*, Martin (Hg., 1987) Ökonomische Theorie und Ethik. Frankfurt, New York: Campus.

----- (Hg., 1989) Ethische Grundlagen der ökonomischen Theorie. Frankfurt: Campus.

Biervert, Bernd/*Wieland*, Josef (1987) Der ethische Gehalt ökonomischer Kategorien - Beispiel: Der Nutzen. in: *Biervert/Held* (Hg., 1987) 23-50.

Birnbacher, Dieter (1977) Rawls' "Theorie der Gerechtigkeit" und das Problem der Gerechtigkeit zwischen den Generationen. Zeitschrift für philosophische Forschung 31, 385-401.

----- (1986) Prolegomena zu einer Ethik der Quantitäten. Ratio 28, 30-45.

----- (1987) Gefährdet die moderne Reproduktionsmedizin die menschliche Würde? in: *Braun*, Volkmar/*Mieth*, Dietmar/*Steigleder*, Klaus (Hg., 1987) Ethische und rechtliche Fragen der Gentechnologie und der Reproduktionsmedizin. München: Schweitzer. 77-88.

----- (1988) Verantwortung für zukünftige Generationen. Stuttgart: Reclam.

----- (1989) Neue Entwicklungen des Utilitarismus. in: *Biervert/Held* (Hg., 1989). 37-69.

----- (Hg., 1980) Ökologie und Ethik. Stuttgart: Reclam.

Black, Max (1964) The gap between "is" and "should". Philosophical Review 73, 165-181.

Blaug, Mark (1980) The methodology of economics. Cambridge: Cambridge University Press.

von *Böhm-Bawerk*, Eugen (1888) Positive Theorie des Kapitales. Erster Halbband. Zweiter Band von: Kapital und Kapitalzins. Nachdruck nach der vierten Auflage. Meisenheim 1961: Hain.

Bohnen, Alfred (1964) Die utilitaristische Ethik als Grundlage der modernen Wohlfahrtstheorie. Monographien zur Politik. Heft 6. Göttingen: Verlag Otto Schwarz.

----- (1975) Individualismus und Gesellschaftstheorie. Tübingen: J.C.B. Mohr (Paul Siebeck).

Boulding, Kenneth E. (1941) Economic Analysis. Revised edition. London 1948: Hamish Hamilton.

----- (1969) Economics as a Moral Science. The American Economic Review 59, 1-12.

Brandes, Wilhelm (1990) Überlegungen und Modellrechnungen zur Fruchtbarkeit von Maximierungsprinzip und Gleichgewichtskonzept. Diskussionsbeitrag 9001. Göttingen: Institut für Agrarökonomie der Universität Göttingen.

Broadie, Alexander/*Pybus*, Elizabeth M. (1974) Kant's Treatment of Animals. Phlosophy 49, 375-383.

Brodbeck, May (1958) Methodological Individualism: Definition and Reduction. Philosophy of Science 25, 1-22.

Broome, John (1978a) Choice and Value in Economics. Oxford Economic Papers 30, 313-333.

----- (1978b) Trying to Value a Life. Journal of Public Economics 9, 91-100.

----- (1985) The Welfare Economics of the Future. A Review of "Reasons and Persons" by Derek Parfit. Social Choice and Welfare 2, 221-234.

Buchanan, James M. (1975) The Limits of Liberty. Between Anarchy and Leviathan. Chicago/London: University of Chicago Press.

----- (1983) Moral Community and Moral Order. in: *Miller/Williams* (eds., 1983) 95-102.

Buchholz, Wolfgang (1984) Intergenerationelle Gerechtigkeit und erschöpfbare Ressourcen. Volkswirtschaftliche Schriften 345. Berlin: Duncker & Humblot.

Bunge, Mario (1989) Ethics: The Good and the Right. Treatise on Basic Philosophy, Vol. 8. Dordrecht/Boston/Lancaster: D. Reidel.

Callicott, J. Baird (1984) Non-Anthropocentric Value Theory and Environmental Ethics. American Philosophical Quarterly 21, 299-309.

Clark, Norman/*Juma*, Calestous (1988) Evolutionary theories in economic thought. in: *Dosi*, Giovanni et al. (eds., 1988) Technical Change and Economic Theory. London/New York: Pinter Publishers. 197-218.

Cowen, T. (1989) Normative Population Theory. Social Choice and Welfare 6, 33-43.

Dahrendorf, Ralf (1958) Homo Sociologicus. Zwölfte Aufl., Opladen 1973: Westdeutscher Verlag.

Daniels, Norman (ed., 1975) Reading Rawls. Critcal Studies of A Theory of Justice. Oxford: Basil Blackwell.

Davidson, Donald (1973) Radical Interpretation. in: *Davidson* (1984) 125-139.

----- (1982) Rational Animals. Dialectica 36, 317-327.

----- (1984) Inquiries into Truth and Interpretation. Oxford: Clarendon Press.

Descartes, René (1701) Regeln zur Leitung des Geistes. dt. Übersetzung von: Regulae ad Directionem Ingenii. (von Artur *Buchenau*) Nachdruck der zweiten Aufl. von 1920. Leipzig 1948: Meiner.

Dworkin, Ronald (1975) The Original Position. in: *Daniels* (ed., 1975) 16-53.

Edelstein, Wolfgang/*Nunner-Winkler*, Gertrud (Hg., 1986) Zur Bestimmung der Moral. Frankfurt: Suhrkamp.

Elliot, Robert (1984) Rawlsian Justice and non-Human Animals. Journal of Applied Philosophy 1, 95-106.

Elster, Jon (1979) Ulysses and the Sirens. Cambridge/Paris: Cambridge University Press/Maison des Sciences de l'Homme

----- (1983) Explaining Technical Change. Reprinted Cambridge 1988: Cambridge University Press.

Enderle, Georges (1988) Tragische Entscheidungen - Eine Problematik der Wirtschaftsethik. Zeitschrift für philosophische Forschung 42, 287-299.

Falkinger, Josef (1988) Kreativität und Sensibilität versus Interdisziplinarität. Jahrbuch für Neue Politische Ökonomie 7, 3-19.

Feinberg, Joel (1973) Social Philosophy. Englewood Cliffs, N.J.: Prentice Hall.

----- (1974) Die Rechte der Tiere und zukünftiger Generationen. dt Übersetzung von: The Rights of Animals and Unborn Generations. in: *Birnbacher* (Hg., 1980) 140-179.

Fishburn, Peter C./*Rubinstein*, Ariel (1982) Time Preferences. International Economic Review 23, 677-694.

Flanagan, Owen J. (1982) Quinean Ethics. Ethics 93, 56-74.

Fodor, Jerry A. (1985) Fodor's Guide to Mental Representation: The Intelligent Auntie's Vade Mecum. Mind 94, 76-100.

Fölsch, Detlef W. (ed., 1978) The Ethology and Ethics of Farm Animal Production. Tierhaltung, Bd. 6. Basel/Stuttgart: Birkhäuser.

Foot, Philippa (1972) Morality as a System of Hypothetical Imperatives. Philosophical Review 81, 305-316.

Frankena, William K. (1939) The Naturalistic Fallacy. Mind 48, 464-477.

----- (1963) Analytische Ethik. dt. Übersetzung von: Ethics. München 1972: dtv.

Frankfurt, Harry G. (1971) Freedom of the Will and the Concept of a Person. Journal of Philosophy 68, 5-20.

Frey, Bruno S./*Eichenberger*, Reiner (1989) Anomalies and Institutions. Journal of Institutional and Theoretical Economics 145, 423-437.

Frey, Dieter/*Gülker*, Gunda (1988) Psychologie und Volkswirtschaftslehre: Möglichkeiten einer interdisziplinären Zusammenarbeit. Jahrbuch für Neue Politische Ökonomie 7, 168-191.

Frey, Raymond G. (1977a) Animal Rights. Analysis 37, 186-189.

----- (1977b) Interests and Animal Rights. Philosophical Quarterly 27, 254-259.

----- (1979a) Leonard Nelson and the Moral Right of Animals. in: *Schröder*, Peter (Hg., 1979) Vernunft, Erkenntnis, Sittlichkeit. Hamburg: Meiner. 289-297.

----- (1979b) Rights, Interests, Desires and Beliefs. American Philosophical Quarterly 16, 233-239.

Gaertner, Wulf (1978) Über Kenneth Arrows allgemeines Unmöglichkeitstheorem und einige Auswege aus dem Dilemma. Jahrbuch für Sozialwissenschaft 29, 288-310.

----- (1981) Rawlsianism, Utilitarianism, and Profiles of Extended Orderings. Zeitschrift für die gesamte Staatswissenschaft 137, 78-96.

Gauthier, David (1986) Morals by Agreement. Reprinted Oxford 1988: Oxford University Press.

Gibbard, Allan (1974) A Pareto-Consistent Libertarian Claim. Journal of Economic Theory 7, 388-410.

Godlovitch, Roslind (1971) Animals and Morals. Philosophy 46, 23-33.

Griffin, James (1986) Well-Being. Its Meaning, Measurement, and Moral Importance. Oxford: Clarendon Press.

Habermas, Jürgen (1973) Wahrheitstheorien. in: *Fahrenbach*, Helmut (Hg., 1973) Wirklichkeit und Reflexion. Festschrift für Walter Schulz. Pfullingen: Neske. 211-265.

----- (1983) Moralbewußtsein und kommunikatives Handeln. Frankfurt: Suhrkamp.

Hamlin, Alan P. (1986) Ethics, Economics and the State. Brighton: Wheatsheaf Books.

Hammond, Peter J. (1976) Equity, Arrow's Conditions, and Rawls' Difference Principle. Econometrica 44, 793-804.

----- (1985) Welfare Economics. in: *Feiwel*, George R. (ed., 1985) Issues in Contemporary Microeconomics and Welfare. Albany: State University of New York Press. 405-434.

Hampicke, Ulrich (1985) Die volkswirtschaftlichen Kosten des Naturschutzes in Berlin. Berlin: TU Berlin.

Hampton, Jean (1980) Contract and Choices: Does Rawls Have a Social Contract Theory? Journal of Philosophy 77, 315-338.

Hansmeyer, Karl-Heinrich/*Rürup*, Bert (1973) Umweltgefährdung und Gesellschaftssytem. in: *Siebert*, Horst (Hg., 1979) Umwelt und wirtschaftliche Entwicklung. Darmstadt: Wissenschaftliche Buchgesellschaft. 396-424.

Hare, Richard M. (1963) Freedom and Reason. Oxford: Oxford University Press.

Harris, John (1975) The Survival Lottery. Philosophy 50, 81-87.

Harrod, Roy F. (1948) Towards a Dynamic Economics. Reprinted London 1956: Macmillan.

Harsanyi, John C. (1955) Cardinal Welfare, Individualistic Ethics, and Interpersonal Comparisons of Utility. Journal of Political Economy 63, 309-321.

----- (1977a) Rational behaviour and bargaining equilibrium in games and social situations. Cambridge: Cambridge University Press.

----- (1977b) Rule Utilitarianism and Decision Theory. Erkenntnis 11, 25-53.

----- (1982) Morality and the theory of rational behaviour. in: *Sen/Williams* (eds., 1982) 39-62.

Hayek, Friedrich A. (1973) Law, Legislation and Liberty. Vol. 1: Rules and Order. Chicago: University of Chicago Press.

Heckhausen, Heinz (1972) Discipline and Interdisciplinarity. in: Centre for Educational Research and Innovation (1972) Interdisciplinarity. Paris: OECD Publications. 83-89.

Hegselmann, Rainer (1988) Wozu könnte Moral gut sein? oder Kant, das Gefangenendilemma und die Klugheit. Grazer Philosophischc Studien 31, 1-28.

Henson, Richard G. (1971) Utilitarianism and the Wrongness of Killing. Philosophical Review 80, 320-337.

Hesse, Helmut (Hg., 1988) Wirtschaftswissenschaft und Ethik. Schriften des Vereins für Socialpolitik N.F. 171. Berlin: Duncker und Humblot.

Hirschman, Albert O. (1987) Interests. in: *Eatwell*, John/*Milgate*, Murray/*Newman*, Peter (eds., 1987) The New Palgrave, Vol.II. London/Basingstoke: Macmillan. 882-887.

Hirshleifer, Jack (1977) Economics from a Biological Viewpoint. The Journal of Law and Economics 20, 1-52.

----- (1985) The Expanding Domain of Economics. The American Econonmic Review 75, Number 6, 53-68.

Hobbes, Thomas (1651) Leviathan. Edited by C. B. *Macpherson* 1968. Reprinted Harmondsworth 1987: Penguin Books.

Hoerster, Norbert (1971) Utilitaristsche Ethik und Verallgemeinerung. Freiburg/München 1971: Alber.

----- (1977) John Rawls' Kohärenztheorie der Normenbegründung. in: *Höffe* (Hg., 1977) 57-76.

Hoff, Christina (1980) Immoral and Moral Uses of Animals. in: *Beauchamp*, Tom L./*Walters*, LeRoy (eds., 1982) Contemporary Issues In Bioethics. 2nd ed. Belmont, California: Wadsworth. 576-580.

Höffe, Otfried (Hg., 1975) Einführung in die utilitaristische Ethik. München: C. H. Beck.

----- (Hg., 1977) Über John Rawls' Theorie der Gerechtigkeit. Frankfurt: Suhrkamp.

Homann, Karl (1980) Die Interdependenz von Zielen und Mitteln. Tübingen: J.C.B. Mohr (Paul Siebeck).

----- (1988a) Philosophie und Ökonomik. Bemerkungen zur Interdisziplinarität. Jahrbuch für Neue Politische Ökonomie 7, 99-127.

----- (1988b) Die Rolle ökonomischer Überlegungen in der Grundlegung der Ethik. in: *Hesse* (Hg., 1988) 215-240.

Homann, Karl et al. (1988) Wirtschaftswissenschaft und Ethik. in: *Hesse* (Hg., 1988) 9-33.

Homann, Karl/*Suchanek*, Andreas (1987) Wirtschaftsethik - Angewandte Ethik oder Beitrag zur Grundlagendiskussion? in: *Biervert*/*Held* (Hg., 1987) 101-121.

----- (1989) Methodologische Überlegungen zum ökonomischen Imperialismus. Analyse & Kritik 11, 70-93.

Hoyningen-Huene, Paul (1989) Die Wissenschaftsphilosophie Thomas S. Kuhns. Braunschweig/Wiesbaden: Vieweg.

Hume, David (1739/40) A Treatise of Human Nature. edited by L.A. *Selby-Bigge*. Reprinted Oxford 1967: Clarendon Press.

Jamieson, Dale (1983) Killing Persons and other Beings. in: *Miller*/*Williams* (eds., 1983) 135-146.

Johnson, Edward (1983) Life, Death and Animals. in: *Miller*/*Williams* (eds., 1983) 123-133.

Jonas, Hans (1979) Das Prinzip Verantwortung. Frankfurt: Suhrkamp.

Just, Richard E./*Hueth*, Darrell L./*Schmitz*, Andrew (1982) Applied Welfare Economics and Public Policy. Englewood Cliffs, N.J.: Prentice-Hall.

Kambartel, Friedrich (1974) Wie ist praktische Philosophie konstruktiv möglich? Über einige Mißverständnisse eines methodischen Verständnisses praktischer Diskurse. in: ders. (Hg., 1974) Praktische Philosophie und konstruktive Wissenschaftstheorie. Frankfurt: Suhrkamp. 9-33.

Kant, Immanuel (1781) Kritik der reinen Vernunft. 1. Auflage. in: Werke. Bd. IV. Berlin 1968: de Gruyter.

----- (1785) Grundlegung zur Metaphysik der Sitten. in: Werke. Bd. IV. Berlin 1968: de Gruyter.

Kavka, Gregory (1978) The Futurity Problem. in: *Sikora*/*Barry* (eds., 1978) 186-203.

Kelly, Jerry S. (1988) Social Choice Theory. Berlin/Heidelberg/New York: Springer.

Kemeny, John G./*Snell*, J. Laurie (1962) Mathematical Modells in the Social Sciences. Cambridge, Mass. 1972: MIT Press.

Kirchgässner, Gebhard (1988) Ökonomie als imperial(istisch)e Wissenschaft. Jahrbuch für Neue Politische Ökonomie 7, 128-145.

Klappholz, Kurt (1964) Value Judgement and Economics. British Journal for the Philosophy of Science 15, 97-114.

Kliemt, Hartmut (1980) Zustimmungstheorien der Staatsrechtfertigung. Freiburg/München: Alber.

Koslowski, Peter (1988) Prinzipien der Ethischen Ökonomie. Tübingen: J.C.B. Mohr (Paul Siebeck).

----- (1989) Grundlinien der Wirtschaftsethik. Zeitschrift für Wirtschafts- und Sozialwissenschaften 109, 345-383.

Krieger, Martin H. (1973) What's Wrong with Plastic Trees? Science 179, 446-455.

Krüger, Lorenz (1987) Einheit der Welt - Vielheit der Wissenschaft. in: *Kocka*, Jürgen (Hg., 1987) Interdisziplinarität. Praxis - Herausforderung - Ideologie. Frankfurt: Suhrkamp. 106-125.

Külp, Bernhard (1982) Wohlfahrtsökonomik I: Grundlagen. in: *Albers* et al. (Hg., 1988) Bd. 9, 469-486.

Kuhn, Thomas S. (1962) Die Struktur wissenschaftlicher Revolutionen. dt. Übersetzung von: The Structure of Scientific Revolutions. 2. revidierte und um das Postskriptum von 1969 ergänzte Auflage. Frankfurt 1976: Suhrkamp.

----- (1969) Postskriptum. in: *Kuhn* (1962) 186-221, 236-239.

Lakatos, Imre (1978) The Methodology of Scientific Research Programms. Philosophical Papers Vol.1. edited by J. *Worrall*/G. *Currie*. Cambridge: Cambridge University Press.

Laudan, Larry (1977) Progress and Its Problems. Berkeley and Los Angeles: University of California Press.

Lehman, Hugh (1988) On the Moral Acceptability of Killing Animals. Journal of Agricultural Ethics 1, 155-162.

Levine, Charles/*Kohlberg*, Lawrence/*Hewer*, Alexandra (1985) The Current Formulation of Kohlberg's Theory and a Response to Critics. Human Development 28, 94-100.

Little, Ian M.D. (1950) A Critique of Welfare Economics. Second ed. Oxford 1957: Oxford University Press.

Locke, John (1690) Two Treatises of Government. Edited by Peter *Laslett*. 2nd ed. Cambridge 1967: Cambridge University Press.

von *Loeper*, Eisenhart et al. (1985) Intensivtierhaltung von Nutztieren aus ethischer, ethologischer und rechtlicher Sicht. Tierhaltung, Bd. 15. Zweite, überarb. Aufl. Basel/Boston/Stuttgart: Birkhäuser.

Lorenzen, Paul (1969) Normative Logic and Ethics. Mannheim: Bibliographisches Institut.

Lübbe, Hermann (1979) Die Begründbarkeit von Normen und die sogenannte Wertfreiheit der Wissenschaften. in: *Paus*, Ansgar (Hg., 1979) Werte, Rechte, Normen. Kevelaer/Graz/Wien/Köln: Butzon & Berker/Styria. 171-202.

Luce, R. Duncan/*Raiffa*, Howard (1957) Games and Decisions. New York: John Wiley & Sons.

Mackie, John Leslie (1977) Ethik - Auf der Suche nach dem Richtigen und Falschen. dt. Übersetzung von: Ethics - Inventing Right and Wrong. Stuttgart 1981: Reclam.

Magel, Charles/*Regan*, Tom (1979) A Select Bibliography on Animal Rights and Human Obligations. Inquiry 22, 243-247.

Maier, Peter (1989) Auswirkungen von Tierschutzauflagen auf die Schweineproduktion. Agrarwirtschaft, Sonderheft 123.

Manning, Russ (1981) Environmental Ethics and John Rawls' Theory of Justice. Environmental Ethics 3, 155-166.

Marggraf, Rainer (1989) Methoden der Normenbegründung - Anmerkungen aus der Sicht der konstruktiven Wissenschaftstheorie. Schriften der Gesellschaft für Wirtschafts- und Sozialwissenschaften des Landbaus 25, 59-66.

Martin, Glarita (1985) Tiergerechte Hühnerhaltung: Erkenntnisgewinnung und Beurteilung der Ergebnisse. in: *von Loeper* et al. (1985) 49-80.

McCloskey, H.J. (1965) Rights. Philosophical Quarterly 15, 115-127.

----- (1979) Moral Rights and Animals. Inquiry 22, 23-54.

Meadows, Dennis et al. (1972) The Limits to Growth. New York: Universe Books.

Melle, Ulrich (1988) Tiere in der Ethik. Zeitschrift für Philosophische Forschung 42, 247-273.

Meyer-Abich, Klaus M. (1986) Dreißig Thesen zur Praktischen Naturphilosophie. in: *Lübbe*, Hermann/*Ströker*, Elisabeth (Hg., 1986) Ökologische Probleme im Wandel. München: Fink/Schöningh. 100-108.

Midgley, Mary (1973) The Concept of Beastliness: Philosophy, Ethics and Animal Behaviour. Philosophy 48, 111-135.

Mill, John Stuart (1861) Utilitarianism. in: The Collected Works of John Stuart Mill. Vol. X: Essays on Ethics, Religion and Society. edited by J.M. *Robson*. Toronto/London 1969: University of Toronto Press/Routledge & Kegan Paul. 205-259.

Miller, Harlan B./*Williams*, William H. (eds., 1983) Ethics and Animals. Clifton, N.J.: Humana Press.

von Mises, Ludwig (1949) Human Action. A Treatise on Economics. New Haven: Yale University Press.

Mittelstraß, Jürgen (1985) Wirtschaftsethik als wissenschaftliche Disziplin? in: *Enderle*, Georges (Hg., 1985) Ethik und Wirtschaftswissenschaft. Schriften des Vereins für Socialpolitik N.F. 147. Berlin: Duncker und Humblot. 17-32.

Montague, Phillip (1980) Two Concepts of Rights. Philosophy and Public Affairs 9, 372-384.

Moore, George Edward (1903) Principia Ethica. Reprinted Cambridge 1948: Cambridge University Press.

Moulin, Hervé/Roemer, John E. (1989) Public Ownership of the External World and Private Ownership of Self. Journal of Political Economy 97, 347-367.

Mueller, Dennis C. (1974) Intergenerational Justice and the Social Discount Rate. Theory and Decision 5, 263-273.

Müller, J. et al. (1985) Tierschutzbestimmungen für die Schweinehaltung. in: *von Loeper* et al. (1985) 81-146.

Mumy, Gene E. (1987) What does Nozick's Minimal State Do? Economics and Philosophy 3, 275-305.

Naess, Arne (1979) Self Realization in Mixed Communities of Humans, Bears, Sheeps and Wolves. Inquiry 22, 231-241.

Narveson, Jan (1967) Utilitarianism and New Generations. Mind 76, 62-72.

----- (1977) Animal Rights. Canadian Journal of Philosophy 7, 161-178.

----- (1983) Animal Rights Revisited. in: *Miller/Williams* (ed., 1983) 45-59.

Nelson, James A. (1985) Recent Studies in Animal Ethics. American Philosophical Quarterly 22, 13-24.

Nelson, Richard R./*Winter*, Sidney G. (1975) Factor price changes and factor substitution in an evolutionary model. The Bell Journal of Economics 6, 466-486.

Nerlove, Marc/*Razin*, Assaf/*Sadka*, Efraim (1987) Population Policy and Individual Choice: A Theoretical Investigation. International Food Policy Research Institute: Research Report 60.

Ng, Yew-Kwang (1979) Welfare Economics. Revised edition. London 1983: Macmillan.

----- (1983) Some broader issues of social choice. in: *Pattanaik*, P. K./*Salles*, M. (eds., 1983) Social Choice and Welfare. Amsterdam: North-Holland. 151-173.

----- (1989) Hurka's Gamble and Methuselah's Paradox: a Response to Cowen on Normative Population Theory. Social Choice and Welfare 6, 45-49.

Nielsen, Kai (1960) Appraising Doing the Thing Done. Journal of Philosophy 57, 749-759.

North, Douglass C. (1981) Structure and Change in Economic History. New York: W.W. Norton.

Nozick, Robert (1974) Anarchy, State, and Utopia. Reprinted Oxford 1980: Basil Blackwell.

----- (1977) On Austrian Methodology. Synthese 36, 353-392.

Odum, Eugene P. (1971) Grundlagen der Ökologie. Bd. 1. dt. Übersetzung von: Fundamentals of Ecology. Stuttgart 1980: Thieme.

Olson, Mancur/*Bailey*, Martin J. (1981): Positive Time Preference. in: Journal of Political Economy 89, 1-25.

Parfit, Derek (1984) Reasons and Persons. Oxford: Clarendon Press.

Patzig, Günther (1971) Ethik ohne Metaphysik. 2. durchgesehene und erweiterte Aufl. Göttingen 1983: Vandenhoeck und Ruprecht.

----- (1983) Ökologische Ethik. in: *Markl*, Hubert (Hg., 1983) Natur und Geschichte. Wien/München: Oldenbourg. 329-347.

Peffer, Rodney G. (1990) Marxism, Morality, and Social Justice. Princeton, N.J.: Princeton University Press.

Penrose, Edith T. (1952) Biological Analogies in the Theory of the Firm. The American Econonmic Review 42, 804-819.

Pettit, Philip (1974) A Theory of Justice? Theory and Decision 4, 311-324.

Pieper, Annemarie (1979) Pragmatische und ethische Normenbegründung. Freiburg/München: Verlag Karl Alber.

Pigou, Arthur Cecil (1912) The Economics of Welfare. (First published as: Wealth and Welfare.) 4th edition 1932, reprinted London 1952: Macmillan.

Pluhar, Evelyn B. (1988) When is it Morally Acceptable to Kill Animals. Journal of Agricultural Ethics 1, 211-223.

Pressler, Jonathan (1987) Rights and Social Choice. Is there a Paretian Liberal Paradox? Economics and Philosophy 3, 1-22.

Pritchard, Michael S./*Robison*, Wade L. (1981) Justice and the Treatment of Animals: A Critique of Rawls. Environmental Ethics 3, 55-61.

Putnam, Hilary (1964) Robots: machines or artificially created life? Journal of Philosophy 61, 668-691.

Pütz, Theodor (1971) Grundlagen der theoretischen Wirtschaftpolitik. Stuttgart: Fischer.

Rachels, James (1983) Do Animals Have a Right to Life? in: *Miller/Williams* (eds., 1983) 275-284.

----- (1987) Darwin, Species, and Morality. The Monist 70, 98-113.

Radnitzky, Gerard/*Bernholz*, Peter (eds., 1987) Economic Imperialism. New York: Paragon House Publishers.

Ramsey, Frank P. (1928) A Mathematical Theory of Saving. The Economic Journal 38, 543-559.

Rawls, John (1955) Two Concepts of Rules. Philosophical Review 64, 3-32.

----- (1971) Eine Theorie der Gerechtigkeit. dt. Übersetzung von: A Theory of Justice. Frankfurt 1979: Suhrkamp.

----- (1974) Concepts of Distributional Equity. Some Reasons for the Maximin Criterion. American Economic Review 64 (Proceedings) 141-146.

Regan, Tom (1976a) Feinberg on What Sorts of Beings Can Have Rights. Southern Journal of Philosophy 14, 485-498.

----- (1976b) McCloskey on Why Animals Cannot Have Rights. Philosophical Quarterly 26, 251-257.

----- (1979) An Examination and Defense of One Argument Concerning Animal Rights. Inquiry 22, 189-219.

----- (1981a) Duties to Animals: Rawls' Dilemma. Ethics and Animals 2, 76-81.

----- (1981b) The Nature and Possibility of an Environmental Ethic. Environmental Ethics 3, 19-34.

----- (1984) The Case for Animal Rights. London/Melbourne/Henley: Routledge & Kegan Paul.

Rescher, Nicholas (1988) Rationality. Oxford: Clarendon Press.

Robbins, Lionel (1932) An Essay on the Nature and Significance of Economic Science. Third edition 1984. London: Macmillan.

Rodman, John (1979) Animal Justice. The Counter-Revolution in Natural Right and Law. Inquiry 22, 3-22.

Roemer, John E. (1988) Free to Lose. An Introduction to Marxist Economic Philosophy. Cambridge, Mass.: Harvard University Press.

Rollin, Bernard E. (1983) The Legal and Moral Bases of Animal Rights. in: *Miller/Williams* (eds., 1983) 103-118.

Rose-Ackerman, Susan (1982) Mental Retardation and Society: The Ethics and Politics of Normalization. Ethics 93, 81-101.

Sambraus H.H. (1982) Ethologische Grundlagen einer tiergerechten Nutztierhaltung. in: *Fölsch*, D.W./*Nabholz*, A. (Hg., 1982) Ethologische Aussagen zur artgerechten Nutztierhaltung. Tierhaltung, Bd. 13. Basel/Boston/Stuttgart: Birkhäuser. 23-41.

Sandmo, Agnar (1990) Buchanan on Political Economy. A Review Article. Journal of Economic Literature 28, 50-65.

Sapontzis, Steve F. (1987) The Evolution of Animals in Moral Philosophy. Between the Species 3, 61-65, 74-75.

----- (1988) Animal Liberation and Vegetarianism. Journal of Agricultural Ethics 1, 139-153.

Sass, Hans Martin (1987) Methoden ethischer Güterabwägung in der Biotechnologie. in: *Braun* Volkmar/*Mieth*, Dietmar/*Steigleder*, Klaus (Hg., 1987) Ethische und rechtliche Fragen der Gentechnologie und der Reproduktionsmedizin. München: Schweitzer. 89-110.

Schmidt, Johannes (1986) Maximin und Rawls' Prinzipien. Grazer Philosophische Studien 29, 101-127.

Scholz, Helmut (1981) Tierschutz und Intensivtierhaltung. DLG Mitteilungen 96, 415.

Schumpeter, Joseph A. (1908) Wesen und Hauptinhalt der theoretischen Nationalökonomie. Nachdruck der ersten Aufl. Berlin 1970: Duncker & Humblot.

Schweitzer, Albert (1923) Kultur und Ethik. München: C. H. Beck.

Schweizer, Urs (1990) Calculus of Consent: A Game-theoretic Perspective. Journal of Institutional and Theoretical Economics 146, 28-54.

Schwemmer, Oswald (1973) Grundlagen einer normativen Ethik. in: *Kambartel/Mittelstraß* (Hg., 1974) Zum normativen Fundament der Wissenschaft. Frankfurt: Athenäum. 159-178.

Searle, John (1964) How to Derive "ought" from "is". Philosophical Review 73, 43-58.

----- (1969) Speech Acts. Cambridge: Cambridge University Press.

Sen, Amartya K. (1961) On Optimising the Rate of Saving. The Economic Journal 71, 479-496.

----- (1970a) Collective Choice and Social Welfare. San Francisco: Holden Day.

----- (1970b) The Impossibility of a Paretian Liberal. Journal of Political Economy 78, 152-157.

----- (1973) Behaviour and the Concept of Preference. Economica 40, 241-259.

----- (1979) Utilitarianism and Welfarism. The Journal of Philosophy 76, 463-489.

----- (1982) Choice, Welfare and Measurement. Oxford: Basil Blackwell.

----- (1986) Social Choice Theory. in: *Arrow*, K.J./*Intriligator*, M.D. (eds., 1986) Handbook of Mathmatical Economics, Vol. III. Dordrecht: Elsevier (North-Holland). 1073-1181.

----- (1987) On Ethics and Economics. Oxford: Basil Blackwell.

Sen, Amartya K./*Williams*, Bernard (eds., 1982) Utilitarianism and beyond. Cambridge: Cambridge University Press.

Sidgwick, Henry (1883) The Principles of Political Economy. London: Macmillan.

Sikora, Richard I./*Barry*, Brian (eds., 1978) Obligations to Future Generations. Philadelphia: Temple University Press.

Singer, Brent A. (1988) An Extension of Rawls' Theory of Justice to Environmental Ethics. Environmental Ethics 10, 217-231.

Singer, Marcus George (1961) Verallgemeinerung in der Ethik - Zur Logik moralischen Argumentierens. dt. Übersetzung von: Generalization in Ethics. Frankfurt 1975: Suhrkamp.

Singer, Peter (1975) Animal Liberation. New York: New York Review Books.

----- (1979) Practical Ethics. Cambridge: Cambridge University Press.

----- (1981) The Expanding Circle. Oxford: The Clarendon Press.

----- (1987) Animal Liberation or Animal Rights. The Monist 70, 3-14.

Smart, J.J.C. (1973) An Outline of Utilitarian Ethics. in: *Smart*, J.J.C./*Williams*, Bernard (1973) Utilitarianism - For and Against. Cambridge: Cambridge University Press. 1-74.

Smith, Adam (1776) An Inquiry into the Nature and Causes of the Wealth of Nations. The Glasgow Edition of the Works and Correspondence of Adam Smith. Vol. 2. edited by R.H. *Campbell*, A.S. *Skinner*, W.B. *Todd*. Oxford 1976: Oxford University Press.

Solow, Robert M. (1974) Intergenerational Equity and Exhaustible Resources. Review of Economic Studies (Symposium 1974) 29-45.

Stegmüller, Wolfgang (1973) Theorie und Erfahrung. Theorienstrukturen und Theoriendynamik. Band II, 2 von Probleme und Resultate der Wissenschaftstheorie und Analytischen Philosophie. Berlin/Heidelberg/New York: Springer.

Steinvorth, Ulrich (1980) Lakatos und politische Theorie. Zeitschrift für allgemeine Wissenschaftstheorie 11, 135-146.

----- (1982) Busshoffs Wissenschaftstheorie der politischen Wissenschaft und Lakatos. Zeitschrift für allgemeine Wissenschaftstheorie 13, 370-382.

Stevenson, Charles L. (1944) Ethics and Language. Third printing New Haven 1947: Yale University Press.

Stich, Stephen P. (1979) Do Animals have beliefs? Australasian Journal of Philosophy 57, 15-28.

----- (1983) From Folk Psychology to Cognitive Science. Cambridge, Mass.: MIT Press.

Strasnick, Steven (1976) Social Choice and the Derivation of Rawls Difference Principle. Journal of Philosophy 73, 85-99.

Strauss, Leo (1953) Naturrecht und Geschichte. dt. Übersetzung von: Natural Right and History. Frankfurt 1977: Suhrkamp.

Stroebe, Wolfgang/*Frey*, Bruno S. (1980) In Defense of Economic Man: Towards an Integration of Economics and Psychology. Schweizerische Zeitschrift für Volkswirtschaft und Statistik 116, 119-148.

Sumner, L.W. (1978) Classical Utilitarianism and the Population Optimum. in: *Sikora/Barry* (eds., 1978) 91-111.

Swedberg, Richard (1989) Joseph A. Schumpeter and the Tradition of Economic Sociology. Journal of Institutional and Theoretical Economics 145, 508-524.

----- (1990) The New 'Battle of Methods'. Challenge Jan./Feb. 1990, 33-38.

Tännsjö, Torbjörn (1990) Methodological Individualism. Inquiry 33, 69-80.

Teutsch, Gotthard M. (1987) Lexikon der Tierschutzethik. Göttingen: Vandenhoeck und Ruprecht.

Tietzel, Manfred (1986) Zur Entstehung des Privateigentums. ORDO 37, 105-124.

Tooley, Michael (1983) Abortion and Infanticide. Oxford: Clarendon Press.

Toulmin, Stephen E. (1958) The Uses of Argument. Cambridge: Cambridge University Press.

Trapp, Rainer (1988) Nicht klassischer Utilitarismus. Frankfurt: Klostermann.

Tschanz, B. (1985) Ethologie und Tierschutz. in: *von Loeper* et al. (1985) 41-48.

Tugendhat, Ernst (1984) Probleme der Ethik. Stuttgart: Reclam.

----- (1986) Über die Notwendigkeit einer Zusammenarbeit zwischen philosophischer und empirischer Forschung bei der Klärung der Bedeutung des moralischen Sollens. in: *Edelstein/Nunner-Winkler* (Hg., 1986) 25-36.

Ulrich, Peter (1986) Transformation der ökonomischen Vernunft. 2. Aufl. Bern/Stuttgart 1987: Paul Haupt.

----- (1987) Die Weiterentwicklung der ökonomischen Rationalität - Zur Grundlegung der Ethik der Unternehmung. in: *Biervert/Held* (Hg., 1987) 122-149.

----- (1989) Diskursethik und Politische Ökonomie. in: *Biervert/Held* (Hg., 1989). 70-99.

Vanberg, Viktor (1988) Rules and Choice in Economics and Sociology. Jahrbuch für Neue Politische Ökonomie 7, 146-167.

VanDeVeer, Donald (1979a) Interspecific Justice. Inquiry 22, 55-79.

----- (1979b) Of Beasts, Persons, and the Original Position. The Monist 62, 368-377.

----- (1983) Interspecific Justice and Animal Slaughter. in: *Miller/Williams* (eds., 1983) 147-162.

Vossenkuhl, Wilhelm (1985) Types of Rationality and Economic Action. in: *Koslowski*, Peter (ed., 1985) Economics and Philosophy. Tübingen: J.C.B. Mohr (Paul Siebeck). 126-140.

Walker, Graham (1986) The ethics of F. A. Hayek. Lanham: University Press of America.

Weber, Max (1904) Die 'Objektivität' sozialwissenschaftlicher und sozialpolitischer Erkenntnis. in: *Weber* (1922) 146-214.

----- (1917) Der Sinn der 'Wertfreiheit' der soziologischen und ökonomischen Wissenschaften. in: *Weber* (1922) 475-526.

----- (1919) Wissenschaft als Beruf. in: *Weber* (1922) 566-597.

----- (1921) Wirtschaft und Gesellschaft. Fünfte, revidierte Auflage. Tübingen 1972: J.C.B. Mohr (Paul Siebeck).

----- (1922) Gesammelte Aufsätze zur Wissenschaftslehre. Zweite ergänzte Auflage 1951. Tübingen: J.C.B. Mohr (Paul Siebeck).

Weber, Wilhelm/*Topitsch*, Ernst (1952) Das Wertfreiheitsproblem seit Max Weber. Zeitschrift für Nationalökonomie 13, 158-201.

Weinke, Kurt (1975) Marcus George Singer: "Verallgemeinerung in der Ethik". Zur Logik moralischen Argumentierens. Grazer Philosophische Studien 1, 200-209.

Weinschenck, Günther (1986) Der ökonomische oder der ökologische Weg? Agrarwirtschaft 35, 321-327.

Weinschenck, G./*Laun*, H. (1983) Ethik und Ökonomik des Tierschutzes in der landwirtschaftlichen Nutztierhaltung. Agrarwirtschaft 32, 69-76.

Weir, Robert F. (ed., 1986) Ethical Issues in Death and Dying. Second edition. New York: Columbia University Press.

Wicksell, Knut (1901) Lectures on Political Economy. engl. translation of: Föreläsningar i Nationalekonomi. London 1934: Routledge.

Williams, Mary B. (1978) Discounting Versus Maximum Sustainable Yield. in: *Sikora/Barry* (eds., 1978) 169-185.

Wilson, Edward O. (1975) Sociobiology. The New Synthesis. Cambridge, Mass.: The Belknap Press of Harvard University Press.

Winter, Sidney G. (1964) Economic 'Natural Selection' and the Theory of the Firm. Yale Economic Essays 4, 225-272.

Wiswede, Günter (1988) Ökonomische Psychologie - Psychologische Ökonomie. Probleme und Befunde wirtschaftspsychologischer Forschung. Zeitschrift für Wirtschafts- und Sozialwissenschaften 108, 503-592.

Wittgenstein, Ludwig (1953) Philosophische Untersuchungen. Frankfurt 1971: Suhrkamp.

Wolf, Ursula (1984) Das Problem des moralischen Sollens. Berlin/New York: de Gruyter.

----- (1987) Brauchen wir eine ökologische Ethik? PROKLA 69, 148-173.

----- (1988) Haben wir moralische Verpflichtungen gegen Tiere? Zeitschrift für philosophische Forschung 42, 222-246.

Wolff, Robert Paul (1977) Understanding Rawls. Princeton, N.J.: Princeton University Press.

Woll, Artur (1969) Allgemeine Volkswirtschaftslehre. 5. Aufl., München 1976: Vahlen.

Ziche, J. (1990) Hauptströmungen zur ethischen Bewertung technischer Fortschritte in der Landwirtschaft. Schriften der Gesellschaft für Wirtschafts- und Sozialwissenschaften des Landbaus 26, 251-257.

Ziff, Paul (1990) Time Preference. Dialectica 44, 43-54.

8.2 Nachweis der Mottoworte

I. *Schumpeter*, Joseph A. (1952) Geschichte der ökonomischen Analyse. Herausgegeben von Elizabeth B. *Schumpeter*. Band II. dt. Übersetzung von: History of Economic Analysis. nach der zweiten Auflage, London 1955. Göttingen 1965: Vandenhoeck und Ruprecht. S.995.

II. *Boulding*, Kenneth E. (1969) Economics as a Moral Science. American Economic Review 59. S.1.

III. *Wittgenstein*, Ludwig (1953) Philosophische Untersuchungen. Frankfurt 1971: Suhrkamp. S.209.

IV. *Sen*, Amartya K. (1987) On Ethics and Economics. Oxford: Basil Blackwell. S.89.

Kolibri 360 GmbH
Ferdinand-Jühlke-Straße 7
99095 Erfurt, Deutschland
produktsicherheit@kolibri360.de

Druck:
CPI Druckdienstleistungen GmbH
im Auftrag der
Kolibri 360 GmbH
Ferdinand-Jühlke-Str. 7
99095 Erfurt